U0011261

台灣 老街

從街屋建築、城市文化、庶民美食，

看見最懷念的時代故事，尋訪最道地的台灣味

許

傑

著

台北、新北

桃園、新竹、苗栗

台中、彰化、南投

雲林、嘉義

基隆廟口

潮水中誕生的港口文化

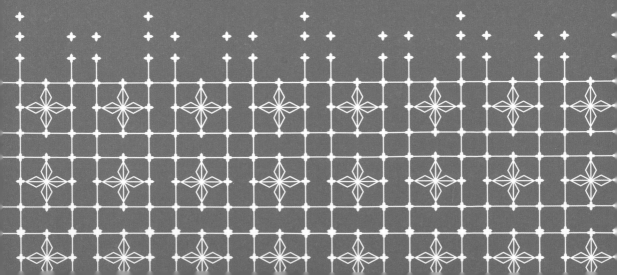

高三那年家人帶我到基隆旅遊，當時拜訪了基隆廟口與廟口內的奠濟宮，我向神明許願：志願我選了好幾個地方，雖然基隆也在我的志願名單內，但千千萬萬就是不要讓我來到這座非常愛下雨的雨都－基隆。最後，榜單揭曉，我確定落腳基隆念書。這段記憶讓我非常難忘，基隆因而在我大學求學四年多的時間，成為我的第二故鄉。

說到基隆，許多人先想到的可能是以小吃聞名的基隆廟口夜市，當時的我也是。美味的食物、俗又大碗的各式料理用味道引來大批遊客前來朝聖嚐鮮，是台灣最有名的美食夜市。遊客來到基隆只在舌尖上留下了旅行記憶，卻少有人來探究基隆廟口的真正歷史。

其實「基隆廟口夜市」的「廟口」與「夜市」是分開的。廟口指的是奠濟宮前那一條街上的固定攤販，也是美食、攤販聚集最多的地方，部分甚至全日營業。夜市則是過了廟街之後，左右兩側延伸出去的商圈，只在夜間才營業的攤販。

追溯基隆廟口的發展，與奠濟宮大有淵源。基隆也靠海，大多基隆人都是家業傳承下的討海人，對於在海洋舞台上活躍的「浪人」來說，神明是他們每回出航心中唯一的寄託。出發前的平安祈求，返航後的祭拜感恩，反映的是討海人的虔誠與真心，讓基隆的廟宇文化也比其他城市扎根來得更深。城市的發展都是從人潮最多的地方開始，而基隆這座城市，無論經濟、藝術、文化等活動，也是從「廟口」延伸展開。

奠濟宮俗稱聖王公廟，已經有超過百年的歷史。早期來來往往的香客繁多，不論是港口邊的工人、路過洽公的商人、返航的船員及船長，都會前來廟裡參拜，是基隆人潮聚集、流動最頻繁的地方，香火非常鼎盛，進而打下了基隆廟口的基礎。1970 年後，奠濟宮前的街市型態逐漸形成，再透過商圈打造，短短幾百公尺的街道兩旁已經有近 200 個攤位，規模是以前的好幾倍，最後發展成台灣最著名的「基隆廟口夜市」，更帶動了整個基隆的觀光發展。可惜最後基隆廟口夜市的知名度已遠遠超過奠濟宮，讓原本應該是主角的奠濟宮，變成了襯托的綠葉。

基隆夜市 ｜ 廟埕中的味蕾記憶

　　基隆是台灣最美味的夜市，有鼎邊趖、天婦羅、肉羹、蚵仔煎與滷肉飯，來到這裡嘴巴忙到沒停過。陰錯陽差考上基隆的大學，在基隆扎根四年、加上自己多住了兩年，總共在基隆生活了有六年時間。六年期間，宿舍緊鄰基隆廟口，每逢晚餐不知道該吃什麼的時候，就會和室友一同往人潮擁擠的廟口夜市裡鑽，廟口也就成了我的廚房。

　　在地人常說，不知道該吃什麼就到廟口吃吧！從第一家吃到最後一家，從新開張的店吃到百年老店、從剛開始的懵懂無知吃到許多地雷，逐漸地愛上了這裡的一些小攤。從知名的鼎邊趖、奶油螃蟹、螃蟹羹等等，吃遍了廟口裡所有的店家，每個店家的好味道也成了我現在離開基隆後的懷念回憶，也成功的用美食餐桌讓許多旅客留下了深刻的味道記憶。

崁仔頂 | 越夜越熱鬧的台版築地市場

◇◇

深夜 11 點的基隆廟口正要收攤，而不遠處的崁仔頂街，正開始熱鬧。每天凌晨 2 點到早上 6 點，各地的小吃店、餐廳老闆甚至魚販湧入崁仔頂，批發一箱又一箱的 A 級漁貨，這是夜間限定的台版築地市場「崁仔頂魚市」，也是台灣北部最大的漁貨貿易市場，更是近年來吸引許多外國人慕名而來的隱藏版魚市。

崁仔頂是基隆最早發展的街道，過去建有七間一整排住商兼有的房子，在 1929 至 1931 年間成立了五家魚行。因靠近海口的地緣關係，漁民們抬著漁貨，爬階梯上街道將漁貨委託商家銷售，買賣交易聚集進而形成商圈。由於台語的石階也叫「崁仔」，崁仔頂魚市因此一直沿用至今，成為台灣有名的漁貨買賣市集。

然而，崁仔頂過去並不賣新鮮的魚，只從事加工過的魚，但崁仔頂的漁貨非常豐富，從台灣各地的近海、遠洋漁業的漁貨應有盡有。新鮮多樣的漁貨，吸引了來自各地的買賣者與饕客，讓入夜後的崁仔頂，宛如一座夜市般熱鬧沸揚。

崁仔頂　　9

市場中專門叫賣的師父有個專職名稱，稱為「糶手」。工作是負責用特殊的暗號與客人互動喊價，待「糶手」點頭就算「成交」，此刻就無法反悔不買了。

市場內販售許多市面上很難見到的魚種。有些魚長得真的很特別，如果有興趣要買這些魚回家，可別單買一隻兩隻，因為這裡是批發市場，一次得要買一批或是一簍才行。

中山陸橋 | 雨棚中看雨都

◇◇◇

　基隆多雨，在地人也發展出了一套雨中生活的方式，像是「天橋延伸並頂蓋」就是基隆的特色。來到基隆，會發現很多地方都有雨遮及很長、很長的天橋或是迴廊連接著，台灣其他縣市都沒有這樣的景象，這也成為基隆限定的景觀。

　近年基隆最經典的代表作，就屬橫跨基隆中山一路與孝四路的天橋「高砂橋」。搭乘火車、客運通勤的基隆中山區、仁愛區與安樂區居民，都會利用中山陸橋返家。這是他們每天都會使用到的必經之路，不過天橋因為年久失修，曾經在 2013 年發生過坍塌事件。

　在坍塌事件之前，高砂橋即是許多電影、MV 取景的場景。其中最著名的就是電影《千禧曼波》中，舒淇在這裡走過，讓這座橋齡已經超過四十年的陸橋，聲名大噪。隨著網路發達，社群軟體 Instagram 中的 IG 客（Instagramer），

再度帶起一股新的旅遊風潮。許多 IG 客會專門去找一些很漂亮、或是平常看起來沒什麼的景點拍照打卡，間接帶起一股旅遊風潮，許多被遺忘的景點，因此得以復活，中山陸橋便是其中一個例子。復古斑駁的天橋場景，吸引了許多 IG 客前來拍照、打卡紀念，拍下一張張非常復古懷舊的好看照片，也讓這座陸橋串聯起旅人與基隆的生活軌跡。

中山陸橋長約 130 公尺，於 1976 年興建，又稱「高砂橋」。

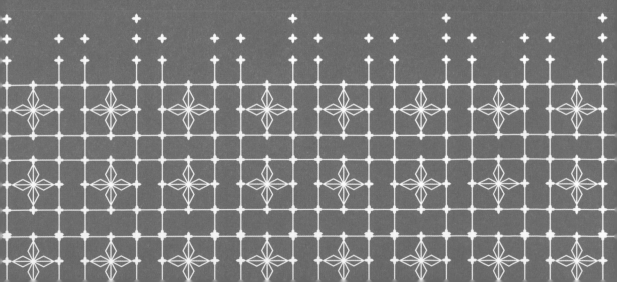

迪化老街

走進一圈又一圈的時光年輪

地底下的捷運列車高速穿梭，把我拉到了捷運雙連站。出站後，為了找尋台北發展的起點，在車水馬龍的民生西路上，在凌亂的騎樓裡，我慢慢散步著持續往西探尋。隨著腳步的前進，周邊建築的變化越來越顯著，民生東路就像是台北時光的稜線，走了一步，時針也逆轉了一圈，越接近日落的地方，氣氛越懷舊。

台北大同區及萬華區一直是台北最老、最有故事的區域。迪化街與大稻埕是台北城市發展的起點，更是最重要的市街。初建於 1850 年代的迪化街，過去先民因為躲避海盜，從基隆搬到大稻埕，在此興建了三間閩南式建築，據說就是大稻埕最早的店舖，大稻埕也因為擁有一大片曬穀廣場而得名。

許多來自閩南的戎克船從台灣海峽沿著淡水河往內陸前進來到了大稻埕，從 19 世紀末以後，在經濟、社會及文化活動上都有驚人的發展，成為台北重要的集散中心。碼頭除了卸貨之外，也肩負客運的責任，當貨物與人潮在此交會，也象徵貿易與金流的到來，進而帶動了周邊區域的發展。1891 年，劉銘傳首建全台第一條鐵路經過了大稻埕，啟動了大稻埕繁華的按鈕，更奠定了迪化街在台北商業的地位。

走進迪化街，街屋以簡潔、線條清晰的現代主義式建築為脈絡，光是鐫刻上家徽式浮雕裝飾的建築就不在少數。多達 70 棟以上的建築，細節都保持得相當完整，是早期「大戶家族」的展現。街市以大稻埕碼頭為基準，民生西路以北稱北街、中街是最早形成街道規模的區域，而南街則是因沼澤溼地，發展較慢。

街道的建築經過規劃與整理，在這個時代有了不同應用呈現，讓每一間老屋散發出不同的性格。在傳統建築下，有延續傳統的老店，乾貨、燈籠店、米廠、油行、農具店；有的則是賣了現代化的西式糕點，更多的是青年聚集的文創小舖，他們販售著青春、夢想與理想，以上種種造就了迪化街迷人的輪廓，成為日本人來台灣旅遊時必然朝聖的目的地之一。

過去，迪化街在日治時代時曾換上「永樂町」這個新名字，附近的街道也改成「永樂町通」，我則將它解讀為「永恆的快樂」之意。但迪化街不管怎麼改變，是否能保持著單純的、永恆的快樂？唯有住在裡頭的居民才能知道了。

「迪化」這名稱的由來是 1947 年中華民國政府投射當時新疆省省會迪化所制定的街道名。

捷運淡水線尚未捷運化之前，捷運雙連站前身為「雙連火車站」。

迪化街全長約 800 公尺，街內的建築都是經過「修築」與「修復」後留存的結果，也是台北市境內保留最完整的老街。

目前迪化街內的建築分為三種，閩南式建築、洋樓樣式、仿巴洛克建築。

大稻埕碼頭 ｜ 透徹的暮光燦爛

美麗的暮色彷彿一場寧靜的嘉年華，將河岸邊的人群烙印成了剪影。不論是在河堤邊靜靜放空，或是拿出相機感受那小小觀景窗的世界，都只想用自己的方式留下心中最美麗的夕陽。

我騎著腳踏車，沿著民生西路的盡頭來到大稻埕碼頭。穿過了巨大的水門，看見一顆金黃的夕陽，在雲與大廈剪影中緩緩的、慢慢的滾動著。找了一個堤岸邊的椅子坐下，一隻優雅的白鷺鷥，飛過水泥叢林、飛過一片藍與黃漸層的天幕，落在沙洲上。河上的風撫來，星星隨著燈火淡淡浮出，替城市的一日忙碌，點上了一個逗號。

坐在昔日商船靠岸卸貨的地方，過去的曬穀場已成為現今的碼頭與運動廣場，也是台北人最喜愛的河濱公園。沿著與河道平行的自行車道，串聯起河川上游及下游的慢活，這個城市中的許多人像我一樣，喜歡在這樣的午後，持著一張悠遊卡、租一台 YouBike，騎著單車隨著河岸蜿蜒去追尋象徵自由的風，並在這座城市的縫隙中，得到一點喘息。

這樣的夕陽、同樣的燦爛，卻在不同人的眼中，有了不同的意義存在。有句話說：「人生不是過得怎樣，而是懂得怎樣去過。」日子過得好不好，都取決於自己的心境與決定。大稻埕碼頭的風景，不僅是歷史文化的變遷，也累積了這城市中許多人的人生故事與心情。

七夕期間，淡水河上施放舉辦的「大稻埕煙火節」是台北市每年重要的盛典之一，也是台北市唯一以煙火為主題的盛宴。

隨著太陽逐漸西沉，淡水河邊的風景不斷改變，唯一不變的是我們與古人看的是相同的夕陽河景，也是大稻程最美的時刻。

迪化年貨大街 ｜ 一年一回、年味持續濃厚的商道

　　「台北年貨大街又開跑了！」畫面中，人潮洶湧的街道，都是前來採買年貨的景象，年節前夕新聞畫面上總是這樣強力放送著，這是迪化街給我的印象，也是迪化街成功翻轉後的面貌。

　　過年是我們台灣人相當重要的節日。隨著時代不同，有些人認為某些「年味」正逐漸地消逝。可有些地方的年味，卻能夠拾起消逝在記憶中的片段，讓年味濃厚發生。「台北年貨大街」1996 年展開第一屆，是台灣第一條、也是最為有名的年貨大街。大稻埕因為河港貿易而興盛，造就了「迪化街」的繁榮，雖然後期的商業軸線翻轉到了東區（現今信義區及忠孝敦化一帶），使得大同、萬華逐漸沒落，卻也因為如此，才保留了許多美好的「時光痕跡」。

透過都市計畫、商圈規劃等等配套，使這些文化意涵相當深厚的建物成為「台北市唯一的老街」。再以「年貨」為主題包裝，振興了迪化街，從第一屆台北年貨大街一炮而紅，造就台灣其他縣市爭相跟進，形成了年貨大街在台灣遍地開花的景象。

每到過年前夕，大多人也養成了要去年貨大街採買年貨的既定印象，走一回年貨大街，各式各樣的年貨應有盡有。而我也很喜歡逛年貨大街，感受人潮帶來的過節氣氛，甚至還在年貨大街打工過，享受這種人擠人所帶來的熱鬧感，讓冰冷的冬季，變得溫暖許多。

台北年貨大街街區透過在地居民妝點，希望強調出早年大街純樸的味道，更想強調的是大稻埕的社會價值。

走進台北年貨大街，許多叫賣聲貫穿於耳，小販工讀生們都相當賣力地推銷起自家產品，從南北貨、小吃、甜點、糖果、甚至海鮮類等等，過年會用到的商品在迪化街內幾乎都可以一網打盡，比想像中的熱鬧許多。

寧夏夜市 | B級美味大集合

　　夜市是台灣文化的縮影，也是台灣人美食文化的展現。寧夏路上的「寧夏夜市」，有台北人的胃之稱，來過幾次、就會愛上這裡的美食幾次。全長雖然只有饒河街夜市的三分之一，但整條夜市全以小吃為主，夜市小販一字排開，各式各樣夜市經典小吃臥虎藏龍，有肉粽、知高飯、臭豆腐、蚵仔煎、藥燉排骨、麻油雞、豆花、雪花冰等等，全是台灣著名的B級美味，外國旅客想嚐台灣在地美食，請來寧夏夜市，感受舌尖上的台灣。

三峽老街

時光浸染的靛藍層次

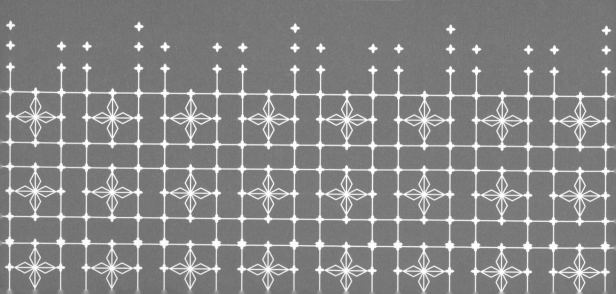

「藍染」是三峽最經典的代表，呈現的「靛藍色」其實不僅僅是只有「淺藍」與「深藍」這麼單純，日本人悉心的區分後產生 22 種藍染色，並逐一取名，表達出各自不同層次的意思。記憶中的小學課本，課文上撰述著「李梅樹」大師打造出了「祖師廟」的莊嚴，這是我對於「三峽」最初的輪廓；初次拜訪三峽，是隨著家人的腳步前來參與「三峽藍染節」，這是我從工藝上認識的三峽；再訪三峽，是學攝影那一年，我從老街的夜裡認識寧靜的三峽。不同年紀階段、不同時間點，對於三峽留下了不同的印象。對於遊客來說，三峽老街是能夠飽足美食、欣賞古蹟的旅遊景點。但對於我來說，它用風景寫下了我生命中的每一個階段，就像是藍染一樣，記憶也分出了不同的層次，這也是我特別喜歡三峽的原因。

三峽老街以相連不斷的紅磚拱廊，串聯起一間一間的街屋、串聯起三峽老街的歷史。一樑、一柱、一瓦，都代表著當年的繁榮景象。處於大漢溪、三峽河、橫溪三河匯流之口的三峽得名「三角湧」，於日治時期進行大規模街道改正，並改為與日語發音相似的「三峽（SanKyō）」，沿用至今。

河港的天然條件，成就三峽的發展。早年溪水較高時，船隻可將貨運沿著淡水河串聯上至大漢溪，接著透過支流上溯到民權街的碼頭，成為貨運的樞紐，帶動街區發展，三峽的歷史也在此展開。隨著石門水庫築壩、水位降低，三峽的商業活動也逐漸衰退，街區的繁榮式微。後期政府出資維護了街上的老建築，讓三峽成功轉型為新北市著名的觀光老街，日日迎接慕名而來的遊客。但在人潮退去的夜幕中，暈黃的燈光落在建築上，那些巴洛克裝飾、老房子外牆的紅磚、都染上淡淡的金色光芒，用寧靜取代了白日的喧擾，街道的景觀遠比白天來的有視覺衝擊。

走進三峽老街，記得抬頭看看那些被商業覆蓋的痕跡。當年能在老街上開店的商家大多都是有錢人家，會在自家門面上動手腳，藉此與鄰居較勁，因此屋上的輪廓除了有店家老闆的姓名、行業、店號等等，山牆上的圖形也表述著不同的意義。仔細觀察還可見到洋樓風格元素、家紋、圖像等等，這些都表現出三峽人的生活美學，也是日治時期歐風街道的流行展現。老街的發展如同藍染技術，手段不同、布織不同、脈絡發展就不同。浸染得越久，顏色吃得越重，背後的深層意義也就跟著不凡。

清水祖師廟 | 東方雕刻藝術殿堂

創建於乾隆 34 年間的清水祖師廟由「李梅樹」大師建築設計，是台灣廟宇建築的經典作品，也是三峽的聖地。與艋舺清水巖、淡水祖師廟合稱台北三大祖師廟，亦是「東方雕刻藝術殿堂」。

廟內的壁面皆為石材，裝飾也以石刻浮雕製作，前殿、中殿、後殿的藻井與龍柱等等細節都相當精緻、栩栩如生，講究的雕工讓祖師廟有「雕刻博物館」的美名。每年農曆正月初六是祖師聖誕日，祖師廟都會舉行盛大的神豬祭典比賽活動，吸引不少人潮來前。

三角湧大橋 ｜ W造型的三峽新地標

三峽除了老街之外，一旁崛起的大樓也是近年的亮點之一。集合新興住宅的特區多是台北的通勤族，但因為過度仰賴國道三號，每當尖峰時段特區附近的交通就嚴重塞車，當地住戶深深感受到不便。為了紓解交通阻塞的困擾，以三樹路與大學路口為起點，闢建新的聯外道路，串聯土城及三峽之間的交通動脈「台三線」，更在上頭闢建了一座新的鋼拱橋：採用三峽舊名，稱為「三角湧大橋」。

三角湧大橋是近年來新北地區少見的特色橋樑，素雅的白色橋身呼應著遠方的綠山，外側則是拉開了雙翼，像是一隻水藍色的翩翩舞蝶，W造型的橋體相當少見。夜間整座大橋也會以炫麗燈光展現，風貌又是不同。

橋體的設計，融入了未來捷運「三鶯線」的共構介面，並加入了行人專用步道、腳踏車道等設計，提供休憩及拍照的空間，將來三鶯線興建完成，列車就會駛過這條全台灣第二長的不落墩鋼拱橋了！

橋樑位址：新北市三峽區籠埔路及佳興路口

長 180 公尺、橋寬 30 公尺的三角湧大橋每晚都有不同的光雕色彩，鋼骨線條所交織出來的秩序之美讓許多攝影迷駐足朝聖，成為三峽區的新地標。

鳶山 | 日日都是新的好風景

　　從三峽老街旁的鳶峰路挺進蜿蜒山路，盡頭來到了「光復銅鐘」，這裡是我 18 歲那年買單眼相機後第一次拍攝夜景的「回憶之地」，也是許多熱愛攝影人的夜景勝地「鳶山」。穿過三峽無線電廣播轉播站後，就是拉著攀登纜繩的開始。短暫的爬坡，來到了海拔 321 公尺的鳶山頂，站上巨石組成的平台，天氣好的時候可以眺望林口台地、桃園台地、大漢溪流域、台北盆地等等，風景一覽無垠。國道三號高速公路像是巨龍一般，在腳下蜿蜒進入台北市，而我像是乘坐在鳶鳥上飛翔，視野大開，好不愜意。

備註：車子可停在鳶峰亭或覽勝亭旁，步行約 500 多公尺即可抵達觀景台。建議先在這裡的公共廁所方便一下再出發，否則上去觀景台後就沒有廁所可使用了。

甘樂文創 ｜ 一碗時代的三峽

　　踏進甘樂文創，巨大的陶瓷碗寫著「來碗三峽」，用藍色的筆觸在碗中勾勒出三峽的人文與風景。書架及展示櫃上延伸出許多風格小物，天花板則是以三峽特有的藍染文化為主軸延伸，在壁面懸掛著幾張三峽特色的視覺掛報，整體空間瀰漫著濃厚的藝文氣息。強烈的視覺，讓人對這家店印象難忘。

　　甘樂文創是三峽文創聚落平台，主要以文創及工藝為主軸，由一間百年古厝重新翻修幻化而成的空間，除了有大量創作品外，店內的「三藝精工」金工教室有駐點的金工藝術家老師現場指導教學 DIY，讓遊客可以體驗金飾手工課程，只要 1.5 小時至 3 小時就可以完成一個屬於自己、獨一無二的金飾紀念品。

　　如果肚子餓，也提供現點現做的輕食套餐及飲料，料理都是由甘樂娘親自研發，價位大約落在兩百元左右。另外，展演空間也不定期會有主題展覽、包場活動，甚至歌手演唱會。

店家地址：新北市三峽區清水街 317 號
營業時間：11:00–21:00（如有更改依官方公告為主）
官方網站：thecan.com.tw
洽詢電話：02-2673-1857

石碇老街

找尋時代的碰泊

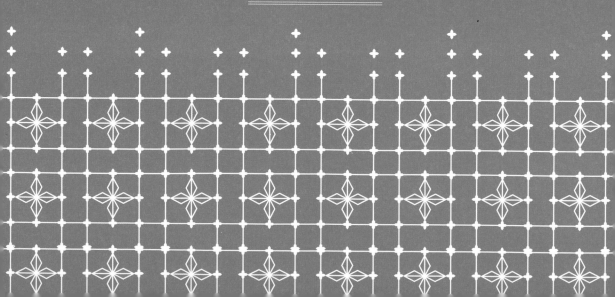

走進「不見天街」，濕氣把樓房染上了塊塊苔記，即便今日陽光充沛，老街中的色調卻充滿了日劇中的空氣感，讓時光任意在石碇慢慢佈局。石碇是淡蘭古道上的樞紐，也是陸路與水路的交通要點。過去坪林、平溪、深坑等茶商都將茶葉運送至石碇進行交易，成為茶葉與貨物的集散地，商業與文化快速發展，更有北台灣茶葉王國的美名。

　　要感受石碇的歷史，就先從烏塗溪開始。石碇以石砌橋墩搭成的萬壽橋，分為東街與西街。西街發展比較早，是昔日的茶市街坊，房屋大半都是土角厝，還有幾幢三層樓的老厝相連。現今發展較好的地帶則是座落在東街，東街的騎樓戶戶串聯，形成一座終年不見天日的「不見天街」，許多攤販聚集於此做生意，有賣菜的、賣麻糬的、賣茶葉的店舖；老街不長，短短小小的卻很精緻。

　　街的中段，有一間百年石頭屋。石頭屋的對面有一條階梯可以步行至河谷內戲水、餵魚，也是觀賞懸河谷而建的吊腳樓最佳場域，更是石碇這地名的原由之一。早期很多船隻沿著景美溪來到石碇，並用繩子把船隻綁在河邊的石頭，稱之為「碇泊」。而石碇兩岸過去沒有設置太多橋樑，居民往來都得從河谷中的巨石上橫豎跨越到對岸，跨越方式像是舊式房屋的大門石質門檻「戶碇」，因而得名。石碇這名字的由來，光是詳述就讓人充滿了想像畫面，不論是建築或地貌，都是觀光客慕名而來的重點。老街繼續走到底，則是一間百年歷史的「遠光打鐵店」，老師傅敲擊鋼鐵所發出的火光旋律，替石碇老街的歷史譜了一首序曲。

　　日治時代的石碇其實很繁榮，「台北煤礦株式會社」扎根石碇發展礦業，大量外地人口移入，展開了黑金時代的繁榮。但煤礦總有開採完的一天，隨著產量越來越少，礦業石油取代了煤礦燃料發展工業，石碇的煤礦業逐漸下坡，最後回歸到了原始的樣貌。雖然與深坑、平溪為鄰，但石碇的觀光卻來得比較緩慢些。也因為來得緩慢，讓石碇未受商業的污染，發展出與其他老街不同的調性與風貌，讓蟄伏數個世代的石碇，開始發光。

許家麵線 ｜ 拉出深山裡的雪白節奏

　　石碇的蜿蜒道路持續前進，海拔也逐漸升高。周邊建築少去了很多，最後來到了這隱身在山林中的秘密工廠「許家麵線」。還沒走進工廠，一股麵團的香氣混合著陽光撲鼻而來。越過了翠綠的樹叢，那一束束正在廣場上做著日光浴的麵線，透出靚白光影，相當迷人，鼻息之間都是麵粉的香氣。最愛吃麵線的我，卻很少有機會親見麵線真正的製程，看見這樣的場景，我開心的拿著相機拍個不停。麵線製作需要適當的濕度、好的陽光及空氣等條件才能完成。而石碇的山區成就製作麵線的優質環境，讓製作麵線的故事在此展延。

　　來到許家麵線，除了可以透過教學看板認識製麵流程外，也可以報名參加「麵線製作」，體驗自己的麵線自己拉的活動。一團麵團要變成千根麵線要透過好幾個步驟才可以完成，店家會幫忙將麵團醒麵，再放置到桿子上，體驗者再透過三字訣「甩、拉、放」動作來雙人配合拉麵線。聽起來簡單、看起來也簡單，但如果兩個人默契不好，角度、手勁不對，都很容易讓麵線斷掉，而斷掉的麵線自然也就被淘汰。體驗完這非常難得、珍貴的課程之後，也別忘了吃台灣第一座「流水麵線」。一團一團三色麵線沿著竹製的水道緩緩流出，得趕緊用筷子夾起，不然就會錯過。許家麵線把日本最原味的流水麵線場景搬到台灣，讓吃麵過程更加有趣。

店家地址：新北市石碇區石碇東街 46 號
參觀最佳時間：09:00-13:00
官方臉書：https://www.facebook.com/sdnoodles/
洽詢電話：02-2663-3004

高媽媽王金蛋 ｜ 石碇的玩蛋高手

在石碇老街轉角處，有一家不起眼的小店，外頭用大大的看板寫著「王金蛋」，這是我在石碇最念念不忘的美食。高媽媽有著活潑鮮明的性格，從前是鄉民代表的她，喜歡在家研發「蛋料理」，後來推出了黃金蛋，類似溫泉蛋的口感入口即化。後來又自行研發了很像是豆腐的「翠玉蛋」，利用雞蛋的蛋白去蒸煮後再滷過，讓蛋白竟然可以做出如百頁豆腐的口感，一片只要十元。

另外，這裡還有金磚三色蛋、茶葉蛋等等，每樣單品都是當日早上現作，賣完就沒有了。高媽媽自嘲說：「我們店週休五日，如果當天數量做得少、賣得快，有時候中午前就早點收攤回家休息了。」口齒留香，令人難忘的美味雞蛋，想吃真的還得要碰碰運氣。

店家地址：新北市石碇區石碇東街 46 號
營業時間：僅六日有開，賣完為止。
洽詢電話：0928-897-326

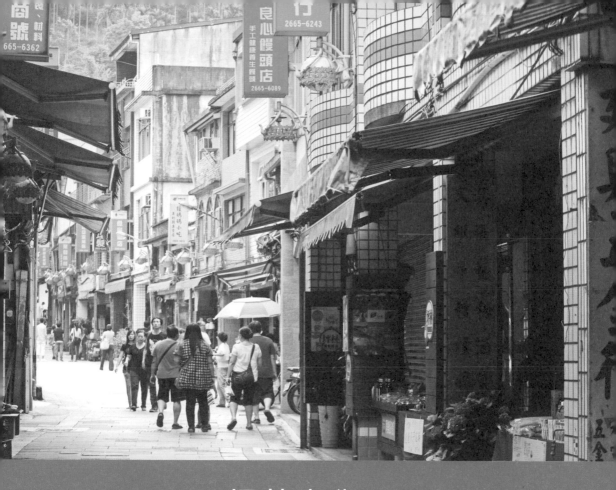

坪林老街

一杯茶，暈開每段回憶的甘味

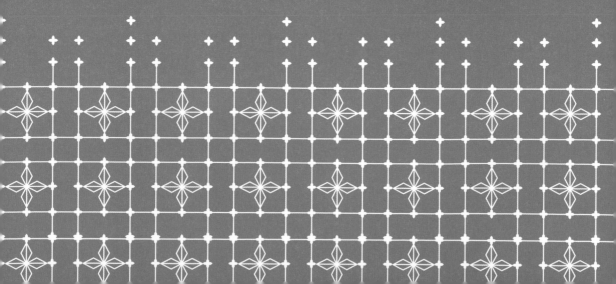

平溪、深坑、石碇、坪林，因地域性而發展出的產業讓它們的型態有所不同，近年也轉型發展觀光老街，成為新北市中別具特色，小而美的山城。

北宜高速公路貫通後，前往山巒之間的坪林老街變得更加容易。因丘陵地形與涼爽的氣候非常適合茶樹生長，當地的茶業文化就此扎根，超過百年，成為北部知名的茶鄉。坪林過去是來往台北、宜蘭之間的旅客中繼站，許多人會在這邊進行補給、休息、用餐等等，順道也會帶上茶葉當做伴手禮，車潮造就了當地商業的小榮景。

兒時與家人去宜蘭旅行的時候，迂迴的北宜山路總讓人頭暈目眩，因此會選擇坪林為停靠站休息。在坪林老街逛逛，簡單吃頓飯、買顆茶葉蛋，成為我對坪林的印象。尤其是茶葉蛋，那香氣現在還在我腦海中深深烙印著。

隨著國道五號的通車，有了更便捷的公路選擇往來台北宜蘭，走北宜公路的旅客變少了。雖然也設置有交流道讓旅客去坪林變得方便，但因此路過坪林的人也少了一大半。

睽違多年，再次來到坪林，遠方的山巒攀附著一朵朵煙嵐，小雨靜靜地落下，形成一幅水墨畫。我欣賞著這幅畫作，一邊散步進了坪林老街。一股茶葉的香氣從街角飄出，混合著雨水的清新，再次扣住了我對於坪林的氣味印象。

沿著街道走，僅兩百多公尺長的「坪林老街」，至今尚未被觀光化過度渲染，仍然保留著「茶城」特有的懷舊韻味。小吃攤、五金行、雜貨店、茶莊等一字排開，街中的「保坪宮」是坪林發展的圓心，擴散出整個坪林的聚落風貌。腳步轉進沒有人的巷弄中，頹圮的石板古厝爬滿青苔，裂開的縫隙搖曳著一株羊齒蕨，背後深藏著什麼樣的故事？我站在斑駁的牆面前，自我解讀。

過去交通不方便的年代，我走過的這條街是坪林居民的感情線。除了購買生活用品外，也是批發商買茶的補給站。老街中的茶莊多已開業於此超過半個世紀，各自販售著自家引以為傲的「坪林茶」。除了賣茶葉、賣坪林包種茶外，還延伸出了茶油、茶皂等等以茶葉為根本而發展的周邊品，現在更是以茶入菜，可以品嚐到各種茶料理，但我最喜歡的還是茶油麵線。

　　走在老街，老闆們不會特別招攬路過的旅客生意，喜歡哪間就隨意駐足在哪間，不買也沒關係，就當作單純交個朋友吧！有的老闆甚至特別熱情，會沏上一壺茶，邀你入座閒聊，讓從城市來的我，透過一杯茶，品到難得的悠閒與恬靜。現在的老街雖然人潮不多，說不上好、也不算壞，沒有人潮鬧哄哄也沒關係，坪林人還是依照自己的步調，過著回甘的生活。

奇境千島湖 ｜ 可愛鱷魚島

千島湖位於石碇翡翠水庫保護區上游，從台北市區開車一小時內可到達，就能撞見如夢似幻的湖光山色。因為地形的關係，水面如同花瓣展開在山巒之下，其中觀賞「鱷魚島」的產業道路狹窄彎曲，天氣晴朗時，山巒與湖水之間呈現的色彩飽和亮麗；陰雨天時，則是雲霧繚繞，有如山水墨畫般充滿淡淡詩意。不同季節、不同氣候、不同時間，千島湖山與水無限組合，都讓人有如置身在奇境的感受。

備註：導航可設定在「鱷魚島觀景平台」或是「八卦茶園」。產業道路狹窄，會車時請多加注意安全。

十分老街

希望起飛的天燈街

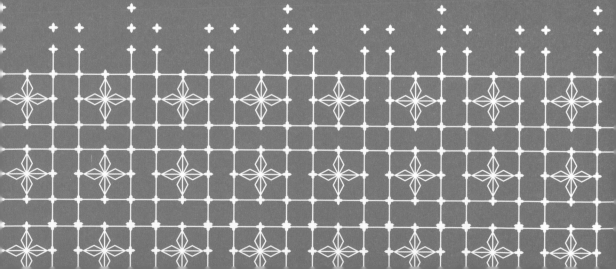

黃色的小火車沿著緩坡穿過樹林,轉過基隆河畔後,緩緩駛進了平溪。開心的笑容映照在玻璃窗上,火車又把滿滿的願望運到平溪來了。平行軌道來到了十分車站,撒下了滿滿的人潮。平溪是台灣的「希望之鄉」,人們到此喜歡把願望寫在象徵希望的「天燈」上,隨著火光升空,送到遙遠的天庭去。

現今的平溪很流行「十分幸福」車票,不僅僅是象徵十分開往幸福的列車,背後其實還蘊含著典故。相傳早期有十位從泉州而來的先民在此地開墾,因此得十分寮之名,也是取自於這十位先民姓氏「胡」所得的「十分姓胡」諧音。觀光未發展前的十分,舊稱「十分寮」,早期平溪居民從事農作,是個非常純樸的小鎮,居民大多來自於福建省安溪及惠安兩縣,天燈則是隨著兩縣的先民來台時而傳承進來的文化習俗,意外的造就現在平溪等同於天燈故鄉的意象。

日據時期發現了礦脈,進而轉為發展煤礦業,當時為了將煤礦快速運出平溪,平溪支線列車就此誕生。隨著礦業開採 60 年後,礦產竭盡,沒有礦的平溪逐漸沒落。當列車運不出煤炭時,只好把外面的「希望」都運進來,轉型為平溪線觀光鐵路。列車搭配天燈升空的獨特畫面在電影、電視劇上廣為宣傳,打出平溪天燈的名號後,成為新北市的觀光熱點,國內外大批遊客前來朝聖,形成現在平溪的觀光繁景。

十分車站雖不是平溪線的終點站,卻是最大的一站。老街依靠著十分車站,沒有台灣其他老街擁有那樣漂亮的建築風格,卻有著與火車當鄰居的日常風景。居民的家門道路,是與火車共用的,坐在家門看火車、甚至火車駛過自家大門的獨特街景,這是十分老街最迷人之處。白天時軌道兩旁人潮滿滿,三五成群討論著要在天燈上許下什麼願望?從韓文、日文到泰文,天燈上寫滿各式各樣的語言,店家賣了天燈之後,更會幫遊客拍照留下紀念,隨著天燈緩緩升空,遊客臉上露出幸福的笑容。若要更「深度」感受老街的另一面,可得在此住上一晚。入夜後,火車走了,人潮也跟著散了。街道上暈黃的燈光照亮房屋的輪廓,整條街安安靜靜的,只剩下幾隻小貓在巷口逗留,打回原形的十分老街,原來是這樣子的。

天燈所承載的是夢想、希望,也是一種精神上的慰藉。在這裡日日都有無數的人們施放天燈,冉冉升空,在天上化作無數閃亮的許願星。而我,想著天上的星星此刻或許正如五月天「知足」歌詞中所說:笑地上的人,總是不能懂、不能覺得足夠。

平溪天燈節 ｜ 一年一次的感動嘉年華

◇◇◇

　　每年元宵節台灣從北到南都會有不同的祭典，除了各地接力舉辦的地方燈會、國家等級的台灣燈會外，「北天燈、南蜂炮、東寒單」更是台灣元宵前後最重要的盛事。美國電視新聞網 CNN 就把平溪天燈節評選為全世界最值得參與的52 件新鮮事之一；旅遊頻道 Discovery 更評價平溪天燈節為「世界第二大節慶嘉年華」。加上電影《那些年，我們一起追的女孩》在十分車站取景、放天燈，畫面透過電影傳遞各地，讓本就小有名氣的平溪天燈更加火熱，成為許多國外旅客來到台灣，都會想去一探的特色慶典，也唯有親身參與過才能知道現場的震撼美。

金山老街

重返魚路的起點

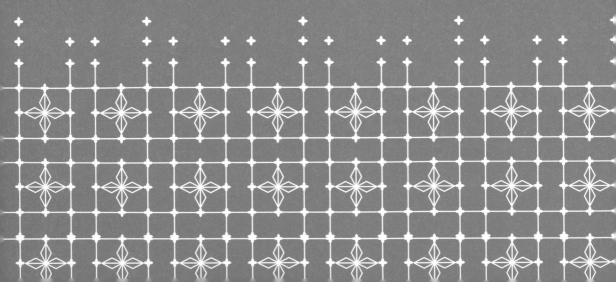

坐在堤防上，任由鹹鹹的風吹著我飛舞的頭髮。掛滿漁網的亭仔腳，漁網搖曳著午後的光影，時光肆意蔓延過堤防，爬進了漁港中，染紅了老房一角的夕陽。那隻小貓依然睡得香甜，夕陽與礦港相伴的日子，總是予人緩慢的感覺。

舊名為「金包里」的金山，日據時期有個美麗名稱為「金色里堡」，我總笑稱它為「舊金山」。從清代開始就是非常繁榮的商業老街，當漁貨在礦港上岸後，途經金山老街，接著運往台北城中銷售，帶動了沿線聚落的繁榮，礦港也有「魚路的起點」別名。

市街伴隨著港口描繪成形，後期隨著觀光發展，搖身成為著名的金山老街。每到假日，老街內的人潮總是擠得水泄不通，很多人慕名而來，卻少有人認真翻閱這條北海岸僅存的清代老街過去的脈絡。

金山老街以金山人的信仰中心「慈護宮」為起點，街中的廣安宮則是開墾歷史的見證者。後期轉型發展觀光，老街兩旁的建物也隨著時代演進。但多數未經過規劃，被居民依照自己的意念所改建，有的成為店面、有的成為小吃攤，人潮與商家多集中在商店林立的老街前段，販賣的商品看得讓人眼花撩亂。攤販為了吸引遊客目光，掛上了大量招牌與加蓋的帆布頂，讓原本街屋的輪廓直接被屏蔽，有點可惜。

我試著穿越熱鬧築起的人牆、往老街兩旁的巷弄鑽。老街中夾縫生存的米店、中藥行、雜貨店，一幢一幢的浮現。那一座老市場，滿是賣菜、賣魚、賣地瓜的阿婆。她們拉著小板凳，一個蘿蔔一個坑，比鄰坐著，爬滿著歲月的臉龐，賣力賣著自家最得意的蔬果漁貨。即便是銷售量不好，仍然過著叫賣的晚年人生，開心就好。繼續走到下街，人潮是少了一點，老街的輪廓卻多了一些，少部分建築還保留著乾淨的紅磚外牆、拱形磚砌長廊，輪廓終於清晰了一些，生活的痕跡穿過時光隧道，依然還在。

磺港蹦火仔 | 燃起希望的海上星光

◇◇

　　蹦火仔是世界僅存的「磺火捕魚」方式，是台灣即將失傳的漁法。僅存的四艘磺火捕魚船也都在金山地區，是只有在金山才能看到的限定景觀。每年五月開始，青鱗魚群湧入北部近海，宣告蹦火季節的來臨。這時候，磺火船入夜會依照當日青鱗魚出沒的地點在外海移動，從金山、萬里到石門外海皆有可能。接著運用「磺石裡加水」產生乙炔燃燒的化學原理，在海面燃成巨大火炬，當火炬靠近青鱗魚魚群聚集的海面，火光就會驅使數以萬計的青鱗仔跳出海面，船夫再用特殊設計的漁網來捕撈，進而輕鬆捕捉青鱗魚。因為點燃火炬的時候會發出一聲「蹦」，這也是蹦火仔的由來。

獅頭山公園遇見燭臺嶼

金山有台灣最北的溫泉之外，著名的景點還有金包里老街、磺港漁港、獅頭山公園、燭臺嶼、跳石海岸等等，豐富的景點，讓金山成為北海岸的重要遊憩點，而「燭臺雙嶼」則是金山的地標。「獅頭山公園」距離金山老街不遠，穿越了金山青年活動中心後，一旁的步道就是入口，坡度相當平緩、樓梯不多，蠻多老人家會來此地健行登山。

隨著步道爬升到了最高點，沙珠灣、磺港漁港及跳石海岸的風光一覽無垠。繼續往上走則是會抵達一座涼亭，此處為欣賞燭臺雙嶼及神秘海岸的極佳之處，看出去是一片蔚藍，未受污染開發的海岸線，是北台灣少有的美麗淨土。

據說早期燭臺雙嶼是半島末端部分，經海浪拍打侵蝕成洞，後來逐漸擴大形成拱門。之後拱門頂部塌陷，就成了燭臺雙嶼。燭臺雙嶼有一段淒美的故事，故事中是一位痴情婦女每天在岩岸上期盼丈夫返航，卻始終等不到丈夫歸來、也得不到任何音訊，最後她幻化成了雙嶼中的其中一塊巨石。多年後丈夫返回，得知老婆已經變成了巨石，跑到巨石旁對天哭嚎，不久也成了另一化石相伴，因此燭臺雙嶼又稱做「夫妻石」。

金山外海著名的燭臺雙嶼，燭臺嶼宛如兩根蠟燭插在果凍色的海面上。

下方的海岸線是傳說中的神祕海岸，禁止遊客進入。

淡水老街

翻開紛亂喧擾下的靈魂

雪白雙翅、細細的雙腳，白鷺鷥在潮間帶上跳著芭蕾。不甘示弱的彈塗魚，則是在紅樹林之間不斷跳遠；一旁的招潮蟹不願相爭，只願當個好觀眾，替牠們兩位的盡情演出，揮揮手、鼓鼓掌。而我，坐在河口旁的堤防上，捧著一杯阿婆酸梅湯，任由酸甜在我口中溶出夏天的沁涼。

淡水的靈魂來自於「淡水港」，後期淡水港的泥淤讓港口失去了貨物的吞吐能力，基隆港的設立更衝擊了淡水港的物流，繁華好像潮水，會起也會落，隨之而去了。這一切都在淡水河與觀音山見證下，數著一圈又一圈的年頭。

嗶！嗶！一張悠遊卡伴隨著台北捷運淡水線的開通，旅人可以享受更快速、便捷的交通工具進入到淡水。第一次到淡水是捷運剛開通那年，我們一家人興奮地搭上捷運，感受著時代進步所帶來的便捷。窗外風景不同於火車，變化極快，從都市叢林拉著我們到了寬闊的淡水河口旁。一不留神，那豔紅的關渡大橋就被拋在我們腦後了。當時捷運淡水線可是台灣的驕傲，而捷運也帶來了淡水小鎮新時代的改變，不變的則是那龍山寺裊裊煙火，仍是居民與天庭之間的聯繫。

穿過了沸騰的大街，轉進不知名的小巷子中。淡水禮拜堂外滿是流露幸福喜悅的新人在拍攝婚紗，教堂儼然就是最佳的見證者。一旁的滬尾偕醫館，刷白的牆面上似乎又斑駁了幾塊，我想那肯定又是時光搞的鬼。假日的淡水大街，人潮真的好多、真的好吵，我不喜歡。隨著捷運而來的觀光人潮，稀釋了淡水老街原有的氣味，但那些老氣味，依然在老街之外的地方存在著。

曾是凱達格蘭族居民為主的淡水，是北台灣最早開發的地區，經歷過漢人進入墾殖，西班牙、英國、荷蘭、日本等國統治，種種風波讓淡水成為文化的熔爐，大量的名勝古蹟群從西式的紅毛城、滬尾砲台、嘉士洋行倉庫，到中式的文昌祠、鄞山寺、龍山寺、福佑宮、祖師廟等等，在此中西並陳，淡水的靈魂混了西方的血，成為一座歷史之城。

今晚，淡水夕陽與萬家燈火又共同創作出了靜好時光。在那小巷、小弄找不到的淡水靈魂，原來隨著舢舨船的停碇泊，睡在碼頭邊了。

淡水漁人碼頭 ｜ 暮色下的金黃水岸

　　夕陽緩緩墮入台灣海峽，點燃了「暮色觀光」。來到淡水，賞夕陽是必然朝聖的行程。從捷運淡水站前碼頭搭乘渡輪，乘風破浪抵達了「漁人碼頭」，所有的人潮都集中在河堤與漁人碼頭一帶，有著共同的目標，就是找一個能感受得到涼風的地方，坐下來消費浪漫。

　　淡水漁人碼頭是淡水的約會熱點，也是台灣著名的夕陽景點。絢麗的暮色，隨著太陽的腳步而變化出不同風貌，就像是身旁的那個人，日日總有不同的喜怒哀樂發生。不同心情、不同伴侶來看同樣的景，也能悟出更多不同的感受。今天的你，過得好嗎？

八里渡船頭老街

左岸的河口，晚風吹

八里與淡水像是織女與牛郎，矗立在像是銀河的淡水河兩岸，只能靠著河岸渡輪往來。而這條航線更是日據時代前就存在的航線，是全台歷史最早的民渡航線。小時候來到八里左岸，總是在傍晚時光。爸媽帶著我坐在河岸邊，他們看著夕陽，而我則是看著潮間帶的招潮蟹與彈塗魚，跑來跑去的，這種簡單美好的風景，就能讓人開心好一陣子。

　　八里比淡水還早開港。在過去，只要是設立碼頭的地方都會帶動繁榮與商業，八里渡船頭亦是如此。在地乘著舢板出海捕魚的漁民，將漁獲捕撈上岸後「就地販售」，部分則是整頓後送往城市銷售，奠定了八里商業發展的基礎，渡船頭附近開始形成聚落與街市。除了八里老街，居民信仰中心的大眾爺廟及悠久歷史的天后宮，也都設立於此。

　　很難想像，現在擠滿了觀光客的渡船碼頭，已經擁有三百多年歷史。八里渡船頭全盛時期開航多達五條航線，除了與淡水渡船頭緊密連結，更與中國進行對渡，在乾隆、嘉慶年間最為繁榮，是台北最早與中國通商的港口。目前連接國際的「台北港」也是設置在八里側，後來又發現了新石器文化遺跡，由此可見，八里不論在哪個時代，都是相當重要的所在。

　　「八里左岸」是近年廣告台詞賦予它的美麗名稱，現在也是許多旅客旅遊時會到訪的地方。八里老街的店舖也透過商圈規劃與整頓，成了水岸商店街，並串聯自行車道，成為悠閒步調的觀光小鎮。旅客來到此，可以騎著單車追風到十三行博物館，或者悠閒地逛著商店街，或者坐在面對淡水河的堤岸，吹著風，欣賞山景、河景與夕陽，什麼都不要想，好好享受放空。

十三行博物館 ｜ 簡約的光影成了年輕人的攝影聖地

　　許多人到八里騎乘自行車，沿著車道會來到八里左岸最有名的「十三行博物館」。這是台灣第一座市立考古博物館，1989 年為了搶救十三行遺址而興建這座佔地四公頃的場館，園區包含博物館建築物及廣場，館內展覽除了以文字、圖片、模型展示出十三行文化、植物園文化、圓山文化的情境外，更融入了 VR 裝置，讓旅客透過虛擬實境的方式融入故事中。最有趣的是，近年因為 IG 打卡興盛，館內的樓梯、建築簡約的設計呈現出美麗光影，吸引了許多熱愛攝影的旅客前來拍照打卡，意外成為八里最熱門的打卡聖地。

場館位址：新北市八里區博物館路 200 號

開放時間：09:30–17:00（如有異動請依官方公告為主）

官方網站：https://www.sshm.ntpc.gov.tw

洽詢電話：02-2619-1313

宋記紅油心蛋 ｜ 她用誠心釀出滿分蛋

　　好吃的雙胞胎、孔雀蛤都是八里必吃的美食。除此之外，許多內行的老饕也會前來八里老街口這家宋記紅油心蛋購買幾顆皮蛋、鹹蛋回家吃。三十幾年前，八里還沒有目前的繁華風貌，大多八里人要外出都得到八里渡輪站搭船到淡水；經濟也沒現在那樣好，很多人因為沒什麼錢出遊，所以都選擇假日搭渡輪到對岸的淡水走走，碼頭帶動了八里老街的商業發展。

　　當時宋姐從南部北上到八里，有一次到關渡走走的時候，發現關渡有人賣蛋，回到八里之後發現八里沒有人販售這樣商品，於是就在八里老街的轉角處設立了這家專門賣蛋的宋記紅油心蛋。熱愛烹飪的宋姐跟我分享她的私房料理，一般來說，鹹蛋都是拿來炒「鹹蛋苦瓜」，但她說這裡的鹹蛋可以拿來炒任何菜。鹹蛋蒸肉餅、鹹蛋炒香菇、鹹蛋茭白筍、鹹蛋炒絲瓜，或者是製作成三色蛋，特性是爆香後鹹蛋的油會被逼出，她對自己家的蛋非常有自信。

店家地址：新北市八里區龍米路二段 172 號
洽詢電話：02-2610-2456

橫跨淡水河的關渡大橋最大跨度達 165 公尺，整座鋼拱橋身呈現紅色。

關渡大橋 ｜ 跳躍淡水河口的記憶紅橋

　　輕巧優美的橋身造型塗漆上了亮眼的紅色，大大的呼應了觀音山的蒼綠，這是淡水河出海前的最後一座橋「關渡大橋」。興建當時為了行船以及排洪需要，捨棄了施工容易且省錢的鋼筋混凝土橋，採大跨距的鋼構橋為主橋。連續跳躍的三座巨拱也成了關渡大橋最大的特色，宛如淡水河上的一抹紅橋，替台灣劃下了一個新時代的亮點，落成時更為當時的世界三大鋼橋之一。隨著規劃中即將興建的淡江大橋，未來淡水河口想必會更加熱鬧許多。

深坑老街

靠豆腐翻身的時光走廊

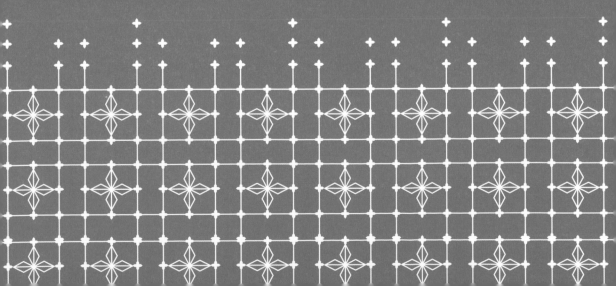

店家敞開大門，又是迎接遊客到來的一天，吆喝聲讓深坑老街一早就很喧嘩。時光在深坑老街流動，讓不同時段的深坑老街，有著不同的變化。成排的紅磚古厝，雖然經過修築，卻也藏不住那磚頭後的小小裂痕，每一段裂痕描繪的都是一段深坑故事。

　　早期深坑老街上的建物全是草屋泥路。在一次的廟會中，紙錢的燃燒不慎引發火勢，整條街在猛烈的祝融中全毀，後期才重建為現在所見的「紅磚瓦」作為防火用建築，即稱「土角厝」。全長三百公尺的紅磚拱廊建築，卻也成為深坑老街最大的特色。

　　走進深坑老街，特色小店林立，多為豆腐美食店及小吃等傳統式裝潢的老店，許多熱愛吃豆腐的饕客，來到此可以吃到各式各樣的豆腐料理。但過去的「深坑」，並不是如此。舊名為「深坑仔」的深坑，全區多為丘陵地，居民以從事務農為主。當時景美溪的水位較高，渡船可以透過河道來到深坑，輾轉進入石碇地區進行商業交易；同時深坑也是處在「淡蘭古道」的熱點上，是旅客台北往來宜蘭的必經之路。水路及古道雙重效應，成為貨物集散地，帶動了深坑迅速的發展，造就繁榮市街，居民也從務農及種植茶葉為主的型態轉變為商貿。

　　但風水輪流轉，由於公路、鐵路的闢建，加上景美溪的水位下降到船隻已經無法進入到深坑的地步，雙重打擊讓深坑轉運地位不保，繁榮也像是河水般流逝進入大海，進入衰退期。直到近年透過包裝行銷，政府有意將平溪、深坑、石碇這三個小山城串聯在一起，用密集的公車路線、台灣好行專車等將這三個區域串聯成一個觀光帶，才讓深坑老街因「豆腐」而翻身，重新奪回眾人目光。

　　擁有兩百多年樹齡的老樹，活在深坑老街的入口，一直都是深坑老街的精神象徵，更是時代轉折的見證者。它與世無爭的姿態，不管旁邊的那位攤主是如何盡情叫賣，依然張開雙臂、矗立在那。像是在笑看這裡的人，凡事別急、腳步放慢，才可以像它一樣，屹立不搖。

老街最美的時刻是暮色時分，當太陽緩緩下山，店家陸續點起招牌及外牆的燈光。

深坑老街為典型的紅磚拱廊建築，修築後更加清晰明朗，有屬於深坑的味道，更讓人流連忘返。

新莊老街

大捷運時代中的鐵道信號

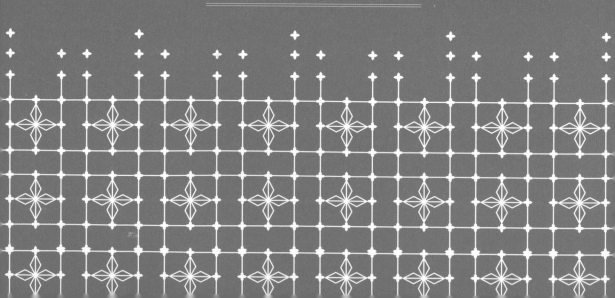

「一府、二鹿、三艋舺」台灣人肯定耳熟能詳，用來形容台灣清朝時的「三大港埠」。但其實有另一說法，在艋舺還沒興起前，最早說法是「一府、二鹿、三新莊」。雖然大多人早已忘了新莊曾經的驕傲，但新莊仍然抓牢了繁華的羽翼，在大時代中持續展翅飛翔。

住在新莊迴龍的我，對於新莊的改變深深有感。在台北捷運還沒與新莊連成網絡之前，聽聞過新莊過去其實有鐵路經過，更隨著沿線設置了許多車站。而新莊更早之前的發展，源自於大漢溪畔的「新莊港」。

過去公路並未如此發達，村落都是靠著「藍色公路」的河運聯繫，新莊因緊鄰大漢溪，有航運發展的地理優勢，岸邊逐漸形成了聚落，這也是新莊最初的原型。隨著各地開始大規模發展，從台北往南到新竹闢建了鐵道，途經新莊，並在新莊設立了「海山口車站」，是火車卸下更多繁榮，奠定了新莊的基礎。但新莊到桃園龜山間的坡度太大，實在不利於鐵道運輸，口治時代開始著手新線的規劃。在 1901 年新線開通，鐵道繞至板橋、鶯歌，正式與新莊分手。而原本廢止的鐵道路線則改建成現在新莊最熱鬧的「中正路」，也是省道台 1 甲線的原型。

沒有鐵路的新莊仍秉持著傲骨精神持續發展。大量工廠進駐讓新莊成為北台灣工業重鎮，當時設籍於新莊的工廠就逼近六千家。但城市依然持續轉型，後時代的新莊，轉型為宜居城市，都市計畫中拔除掉了大量工廠，工業轉型成住宅，加上台北捷運新莊線、環狀線與機場線都在新莊的地圖上畫上一撇，取代了過去「鐵路」的功能，大新莊的輪廓逐漸成形，成為新北市僅次於板橋人口第二多的區域。你說身為新莊人，現在有這樣的發展，能不驕傲嗎？

找回新莊的老味道，就得到「新莊廟街」走一回。台北捷運新莊線列車駛進了新莊這一站，若不仔細看站名註解，很容易忽略掉括號裡填的「新莊廟街」。

捷運新莊迴龍線從新莊站出站後，步行約五分鐘即來到「新莊廟街」。白天的新莊廟街就是新莊老街，是新莊歷史脈絡的發源地，而邁入夜晚後，是新莊人下班覓食的「新莊夜市」。擁有超過三百年歷史的新莊老街，過去有「五十六坎」之稱，意思是有「五十六間店舖」座落在此。狹長型的街道集結了居民生活上的所需，各種商號販售各式用品，是新莊最古老的地方。

隨著夜色籠罩，廟街變成了「夜市」，成為許多新莊人下班的廚房。各式美食、小吃沿著街道展開，原本兩百公尺長的街道也延伸到了將近六百公尺。可惜的是，核心區中較具特色的古厝未經保護，難逃一劫，大多被改造成店面，老屋的立面上也被粗暴的掛上了許多違和感十足的廣告招牌，遮蔽了本該華麗展現的建築立面。夾縫中的小巷，還是可以發現一些古厝與老店，昂然的喊著自己的名字，不願被這五光十色的絢麗霓虹燈給覆蓋。而閩南式屋身、立面山牆擁有巴洛克華麗裝飾的林泉成古厝，是新莊老街中保存較完整的一棟古厝，目前仍有居民入住於此。

全長約兩百公尺的廟街中就有四棟列為國家級古蹟的廟宇，日日都有大批香客將生活的渴望來此化成香火，是新莊人信仰集結的中心與天庭溝通的所在，如武聖廟、慈佑宮等等，是相當特別的景象。

不論商業或信仰，廟街在新莊人心中有著無可取代的地位。而新莊的故事是否已經結束了？就像是看一場電影，不看到最後，結局是什麼我們也不得而知。

日日用打鐵店 ｜ 生存從來不是規則，而是選擇

新莊在清朝時以務農為主，為北台灣重要的稻米產區，風景一片綠意盎然，因此，農具製造業蓬勃興盛。老街中原有許多專門生產農具的打鐵店，敲響了新莊老街的日常。後期隨著工業發展，農田減少，打鐵產業需求不再，大多店舖撐不過選擇走入歷史，現在街上這些打鐵舖都已不見蹤影。這間「日日用打鐵店」，是新莊僅存的打鐵舖，開業距今超過百年歷史，但不得不在時代中順應潮流，將原本生產農具的需求轉型，為婆婆媽媽打一把日常所需的刀具，為建築業製作工程需要的鐵具用品等等，在這不斷翻頁的故事中，不是句號，而是驚嘆號。

中港綠堤 ｜ 臭水溝翻身之後的新景觀

　　新莊的中港大排是近年新莊翻轉後的新休閒景點，尤其是入夜後透過燈光的營造，成為附近居民的休閒場域。自從台北縣升格為新北市後，除了行政區有所改變之外，景觀也有所不同，像是新莊中港大排。新莊中港大排人稱「後村圳」，是由新莊、泰山、五股等地雨水匯聚而成的一條水溝，早期更有「黑龍江」之稱，濕臭的沼澤地是令當地人厭惡的一條「臭水溝」。但是經過大量植樹造景、搭建許多棧道，並利用自然工法、透過水生動植物的自然層層過濾來淨化河川，使得原本積滿爛泥、臭水的沼澤地，搖身變成唯美的濕地公園「中港綠堤」，在 2011 年開通之時，更號稱媲美「韓國清溪川」。由於家就住在新莊不遠處，每回到河堤邊散步，都會發現河邊的樹木又長高了，逗留、運動的居民也變多了，新莊這座老城，隨著時代的改變，面貌越來越不一樣了。

　　中港綠堤將每段流域設置一個主題，市區段為「光之舞」，顧名思義就是以大量的燈光造景來營造氣氛。過了自信橋一直到了彩虹廣場，主題為「水之戀」，以大量的水舞及燈光投射，營造出浪漫感。過了彩虹廣場一直延伸到中都願景館與塭仔底公園，此區為「風之動」。風之動區為可作水上活動之區塊，假日時常會有許多獨木舟、搖搖船、漂漂球遊蕩其中。此區水深也稍淺，是許多當地小朋友夏日消暑、玩水的好去處。

新月橋 | 新北市最大的景觀橋

　　橫跨大漢溪的「新月橋」連接了板橋與新莊，是目前新北市最大的一座行人與自行車專用陸橋。住在新莊的我時常往市區裡跑，這裡是我的日常生活圈，只要天氣好，我就會跑來新月橋散步。白天時，白色新月橋的彎彎橋身像是一座大山與小山的弧線造型，呼應著遠方的山脈，白綠之間非常和諧。入夜後則是點起七彩變化的璀璨光芒，對應著另一側的城市高樓繁華風景。橋上更規劃了「曲之藝」、「光之影」、「水之影」、「風之律」等4座主題弧形觀景平台，成為新莊、板橋地區看夜景的最佳首選。

新月橋跨越了大漢溪連接新莊廟街和板橋435藝文特區，全長725公尺的橋面耗時一年半
興建才完工，為自行車及行人專用，也是台灣雙跨距最長的「不對稱雙鋼繫拱橋」。

鶯歌老街

轆轤上旋轉的生活形塑

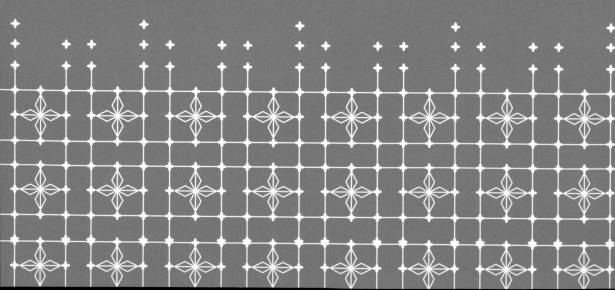

一塊灰撲撲的泥巴在轆轤舞動著，隨著師傅手勢的高或低，素胚的型態也有所不同。捏塑成型後，送入熾火中高溫窯燒，一件充滿靈魂的陶瓷品就在製陶師手中華麗的誕生了。

　　陶瓷隨生活需要，可以是日常用品，也可以是生活藝術的表現。展現的是製陶師的技術與美感，也是土地與製陶師碰撞交融出來的結晶。一塊胚土，你多給它一點自由與奔放，就成了藝術品；反之，如果你用「規格」去「統一」形塑它，它就成為一件被制約了靈魂的物件，就像是人類的理想被現實所「制約」一樣。

　　文化路與尖山埔路區為鶯歌陶業的發源點，這條只有三百公尺長的鶯歌老街，有著近百家陶瓷商店組成，各式各樣從生活上的器皿到價值不菲的工藝品都有，只要喜歡，都可以將這些火光淬煉後的陶瓷品，帶回家收藏。看著五顏六色的陶瓷品，彷彿調劑了煩憂的心。與其欣賞，我更喜歡透過自己的雙手，去碰撞、去感受這一塊不受控制的「胚土」。

　　鶯歌是台灣的陶瓷重鎮，也是我找到「自由」的地方。該怎麼說呢？在國中之前，想法與生活都是被制約的，被老師灌輸、被父母管束，早上八點起床、五點下課去補習，晚上睡前要看書，這就是學生時期。不過，上了高中之後，鶯歌老街就是我逃離「制度」的小天地。還記得高中的週六都要去學校上自習，有時候老師們求好心切，就會心血來潮考試或補課。在考試的制度下，那時候真的好不快樂。因此，在學生時期才有的「蹺課」成為我的絕對權力。當時翹掉週六的自習時間是我最快樂的一件事情。礙於學生沒有太多的錢，只能花個十五元，搭上區間車來到距離學校一站遠的「鶯歌」，那時候因為太常造訪某家店，跟製陶師更因此成為朋友。

鶯歌陶文化的發展已超過兩百多年歷史，過去窯廠林立的景象在匠師口中彷彿歷歷在目。在當年什麼都還不方便的年代，就地取材是發展產業最快的原則，只要有優質黏土出產的地方，通常就會發展成陶瓷重鎮。如中國景德鎮、日本佐賀縣的有田町等等，皆是如此。

　　鶯歌先民多來自於福建泉州，也將泉州的製陶工藝帶過來了台灣。而後發現鶯歌富含豐富的大湳土，土質非常細緻、黏著力又高，非常適合拿來拉胚、製陶，就此開啟了鶯歌煙囪年代。

　　一塊胚土在拉胚機上規律的旋轉著，你多給它一點水它就軟爛；少給它水，它就龜裂，隨著手的溫度慢慢拉升，你控制得了它，可以讓它跟其他花瓶、瓷器長得「雷同」，但你也可以選擇讓它自由發展，有自己的靈魂。就像是我們的生活，可以選擇被制約，也可以選擇變成自己想要的樣子，沒有人說得準這樣好或不好，因為這就是「獨一無二」。

鶯歌陶瓷老街藝術化

鶯歌陶瓷博物館

　　鋼骨結構搭配大量玻璃帷幕，灰色系的清水模外觀素淨設計，在視覺上猶如瓷器，素雅、沉穩也非常具現代感，這是全台第一座的陶瓷博物館。對於大多博物館，我總是覺得太沉悶，不過走進了鶯歌陶瓷博物館，我卻被它所展示的陶瓷作品所吸引。各種不同時代的陶瓷品陳列在一起，看起來有點相同，細細咀嚼下，又不一樣，陶土成了各年代的美感記錄與使命傳達。三層樓的博物館，常設展以陶瓷發展、原住民陶藝、工業精密陶瓷等共五個主題區為主。為了呈現真實燒窯業樣貌，館內更設計了一座隧道窯的體驗區，可以讓遊客直接進入到窯內感受，並透過文字撰述、攝影作品、紀錄片、耆老口述的方式，帶領遊客打破時空的隔閡，閱歷鶯歌的蛇窯年代，認識它的過去、現在與看見未來。

三鶯藝術村 ｜ 收納藝文風的河濱公園

　　從陶瓷博物館穿過人行天橋，走路約十分鐘即可遇見這大漢溪旁寬達 32 公頃的河濱公園綠地，這裡是新北市打造的三鶯藝術村，也是未來新北市立美術館完工後座落的地區。從前，三鶯藝術村還是一塊普通的河濱公園，大部分時間都不太會有人來，自從設立藝術村後，活動變多了，河濱公園也開始熱絡了起來，從天空上滿佈的風箏就可看見它的改變。

　　村內廣邀藝術家與設計師進駐工作坊，並不定期舉辦展覽與活動，偶爾會有 DIY 活動可參與，進而延續了陶瓷博物館「有點距離」的文化與藝術氣息。戶外擁有大片綠地，大漢溪自行車道與此規劃連線，從大溪或是新莊地區騎著腳踏車流了滿身健康汗水而來這裡的人也不少。而我則是很喜歡在街上買一份阿婆壽司，坐在寬闊的草地上沐浴陽光、戶外野餐，看著旁邊的小朋友玩飛盤、踢足球等等，非常悠閒的時光。

三鶯藝術村擁有大片綠地，是三鶯地區的城市之肺。建築體採用輕量的結構，搭配開放式的空間架構，低調舒適的空間展現人性化的氛圍。

三鶯龍窯橋 ｜ 新北市特色的景觀橋

三鶯龍窯橋長 85 公尺，橋體型塑龍窯意象，橋身內則是
以木雕方式刻畫上歷史及人文脈絡，橫跨在鶯歌溪之上，
串聯了新北市與桃園之間的自行車道。入夜後點起燈光非
常璀璨，與白天的風光截然不同。

九份老街

雨霧中的緩慢行旅

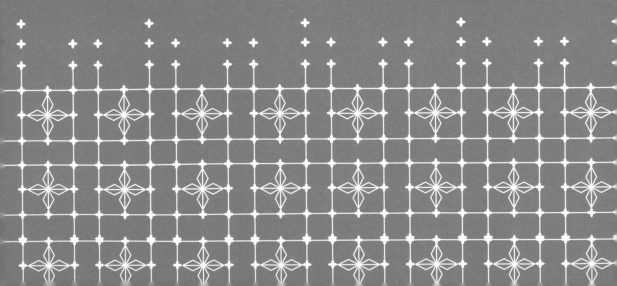

東北季風吹來，一朵雲帶著一盆雨迫不及待落在山頭上，水霧一層一層的繚繞著九份，我身上的衣服也隨之一件一件的抓緊。走在雨水蔓延過的階梯上，那紅色的燈籠燃起，拉開了夜色的序幕。

九份的美，在國際上打開了知名度，幾次回到九份，從瑞芳轉乘公車上山時，都以為自己出國了，身邊充斥著說韓語、日語、英語，或是操著中國口音的遊客，觀光化的九份，似乎失去了原色。跑九份老街最勤奮的那年是大學時期。當時在基隆念書，九份宛如我們的「後花園」，三不五時就會和同學騎著機車，夜衝上九份享受靜謐的「九份之夜」。不論是吃個阿柑姨芋圓或是單純看個美麗的夜景，都是我們當時的小確幸。九份宛如有種魔力讓人迷戀不已，是當時生活上最單純的小小幸福。過去九份老街內店家都還保有一種屬於自己的個性，而且是雜亂無章、不受控制的藝術家個性。這是我印象中九份特有、迷人的味道。

九份過去因只有九戶人家而得名，隨著金礦業發展、人潮湧進了這座山頭，全盛時期山頭上的住戶頓時暴增到三、四千戶。不過礦業總是有殆盡的一天，礦業沒落後，人口開始流失，直到近年，在觀光包裝下，九份才又重新穿上了新的糖衣。在他們口中說，崎嶇狹隘的道路往下走是《悲情電影》著名的拍攝取景點；回首剛走下來的路，那掛滿紅色燈籠的小徑則是宮崎駿動畫電影中《神隱少女》的發想地。這些精美的觀光包裝，湧入大批遊客，原本就很狹小的環山小徑、原本就不寬敞的老街，變得更擁擠了，而那些吃吃喝喝的攤販，也讓人忘記了九份應有的素淨。現在來到九份，我總是趕緊買了一個草仔粿後就趕緊逃離老街，穿梭進小巷、小弄中，觀賞雨水蔓延過的階梯、沾著九份雨水而濕漉漉的小花貓。

老街的尾端，喧囂聲觸及不到的地方有家「樂伯二手書店」，書店中毫無秩序的秩序，還排列著我學生時期中的印象與記憶。當時就算是下著大雨，也都會來這裡找書，找那些與我有緣的書，現在則是在此找到了遺失的寧靜。

現在，即便是遊客絡繹不絕、變得吵雜擁擠，我還是很喜歡九份。當華燈初上之時，遊客退去了，留下了暈黃的燈光，還淡淡的描繪著金黃山城的無奈與寧靜，我找到了一些記憶的餘溫。九份像是那些長在紅磚牆上的矮蕨，在沒有光的日子中嚮往著豐沛的陽光，卻遺忘了雨水才是伴隨著他們成長的來源。

早期來到黃金瀑布時，瀑布前並沒有設置圍籬，許多民眾都可以任意下去在廢礦石堆積成的山丘、河床上拍照，但在進行整修後，柵欄則讓人對黃金瀑布有了距離。

黃金瀑布 ｜ 雨水染上的金色山壁

$$\diamond$$

　　來到九份，黃金瀑布及陰陽海是當地限定的景觀。由山下往山上前往黃金瀑布的路上，九彎十八拐的「金水公路」好像一條圍巾，優雅地環繞在山的脖子上。公路兩旁的山壁搖曳著芒草，與層層堆疊的「十三層遺址」組成荒蕪的景觀，隨著等高線的上升，撞見了萬水奔騰的黃金瀑布。黃金瀑布為本山六坑及長仁五番坑坑口流出的礦水所匯集，因九份地區多雨，雨水溶出了礦石中富含的「硫化鐵礦物」，礦物質隨著雨水融入了地層後又匯集流出，流經的地方都會氧化、蓋上一層厚厚的鐵鏽沉澱，才有了黃金瀑布這美麗的意外。

象鼻岩 │ 冷門秘境重新大公開

近年因為IG打卡盛行，讓許多原本沉寂一時的「冷門景點」實現了復甦計畫，最佳的例子就是位於深澳漁港的象鼻岩。瑞芳深澳漁港內的象鼻岩為台灣36秘境，過去少有人造訪，之後因為有許多人前來這裡打卡，讓象鼻岩這塊秘境重新見光。

要看到象鼻岩，得經過一番折騰，目前沒有舒適的棧道規劃進入到園區，旅客都得越過層層堆疊的礁石，接著爬上一個小山坡後，才能看見如「大象汲水」般的象鼻岩。許多人會興奮的爬到象鼻上拍照，不過美景當前，腳下就是懸崖，大家若要前來此地拍照，記得要多注意自身安全。

陰陽海 ｜ 上帝打翻的調色盤

黃金瀑布的溪水終點連接了湛藍的海洋，因為水中帶有豐富的硫化鐵礦物，將原本湛藍的海水，染成一半的金黃，因而得名「陰陽海」。落雨的季節，陰陽海的面積會擴散得較廣、但是顏色較淡；而若是久旱未雨，陰陽海的金黃會較為濃郁，但面積會較小。不同季節與氣候前來，都會發現這片海灣不同的美。最佳欣賞的角度就是旁邊的小路往上走，上頭有一間「威遠廟」，廟旁的觀景台就是「攝影人」口中眺望陰陽海「最美的視角」。從觀景台看出去，水湳洞聚落、陰陽海風光盡收眼底。陰陽海水就像是上帝打翻了調色盤一樣，美麗而斑斕。

水湳洞是東北角的一顆
珍珠，隨著礦業與繁華
的離去，僅留下歷史的
痕跡，隨著山壁層層而
建的工廠而泛黃。現在
只剩下水湳洞、陰陽海
及大肚美人山共組成一
幅美麗的畫作。

富岡老街

同樣一座城市，不同的生活

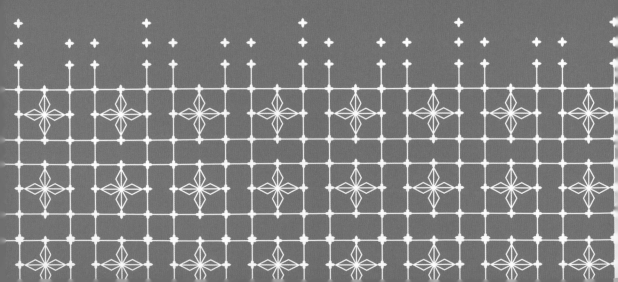

高中在桃園念書的時候，有一位跟我很要好的同學來自於「富岡」。他每日搭火車從富岡通勤到桃園市來念書，而且，他都是每日最早到學校的人。當時還沒有遠離過桃園這座城市去旅行過的我，對於「富岡」這個陌生的地區，充滿憧憬。但他總是告訴我：「我們富岡很鄉下，而且火車班次真的好少。」的確，每次下課後，每當三、五好友要約去桃園或中壢逛街遊玩，他總是要第一個離開，理由就是「趕火車」。

　　高三某次段考結束後，我們不再去逛街，我提出要求，問他可否帶著我去富岡走走？我想去看看富岡。「不要啦！我們家很鄉下欸！」他笑著推託。但後來在我的盛情下，我們還是去了一趟富岡，並且在他家住一晚。

　　我們在桃園火車站的自動售票機投下零錢，一張車票掉了下來。搭上火車之前，他又跟我說：「富岡真的很無聊唷！不要後悔。」但我因為沒去過，依然非常期待。

　　當時的台鐵區間車還沒有像現在密集，很多火車行駛到中壢之後就中止前進。偏偏富岡屬於當時的桃園縣境內往南進入新竹前最後一站，住在富岡的人，總是要把握住班次稀少的區間車，而我們也把握住時間，趕緊搭上這輛有停靠在富岡的區間車，否則錯過後就要再等上一小時了。

　　坐在綠皮椅的區間車上，傍晚的夕陽灑進車窗內，車上滿是剛下班、掛滿倦容的通勤族。我看著窗外城市的風景轉換成田野，大約三十分鐘左右的車程，終於來到了富岡。走出富岡車站，被路燈照著亮晃晃的街道非常寧靜。「你看！跟你想的不一樣吧！」同學在耳邊接著說。「不會啊！我覺得很特別耶！」我則是充滿好奇地回應他。

　　我們沿著街道慢慢散步，拐了個小巷，走進田野小道中。沿途燈光昏暗，只聽見蛙鳴、蟋蟀聲。

　　「你每天都走這條路嗎？」我好奇的問。

　　「對！每天都要花上兩小時才能到學校，不論颱風下雨，我都五點起床，尤其是冬天真的好冷，幾度想翹課。」

此刻的我非常無語。雖然同樣是住在桃園，沒想到卻有人是過著與生活在都市的我們完全不同的日常。

「我們家真的、真的、真的很偏僻唷！」他又嘮叨地在我身邊重複了三次。

「欸！廢話別這麼多就是。」我忍不住堵了他的嘴。在兩人鬥嘴、說笑之間，終於走到了他家。矮矮的三合院，一陣香氣隨著屋內靛藍色的日光漫了出來，原來同學的奶奶已經做好了熱騰騰飯菜，正坐在客廳等著我們回來。

「我回來了！」他用了客家話這樣說著。

「原來你是客家人啊？」平時都用國語溝通的我們，這才知道他會講客家話。

難得在富岡住了一晚，隔天起得特別早，他說要帶我走到富岡老街去買早餐。

我們穿過了前一晚的小徑，蟲鳴與蟋蟀聲已經不再，取而代之的是整群麻雀，吱吱喳喳的飛過了翠綠的稻田上。走到了富岡老街，沐浴著日光的小黃狗慵懶地躺在一角。原來前一天從富岡火車站出站之後，前方就是富岡老街。

老街的街區其實不大，所以街上的居民大多都互相認識，走在街上居民大多都說客家語。

「這裡都是客家人嗎？」我好奇地問。
「對，我們家也是。」
「我直到昨天才知道你會說客家話。」
「哈哈哈！誰會沒事在學校講客家話啦。」
「也是。」

買完早餐後，他帶著我走了一圈富岡老街，跟我講著這裡的建築物生活故事。像是座落於中正路上的呂家聲洋樓，是老街最具代表的建築物，還有那橫跨五間店面的壯闊建築。我看著一棟棟擁有華麗巴洛克元素的街屋，當時的我們懂得還不多，但光看街屋立面上的訊息，也能知道屋主富不富裕。

富岡的發展與火車站興建有著密不可分的關係。1908 年，當時仍稱為伯公岡站的富岡火車站設站，為這農業小鎮匯聚了川流人潮以及繁盛榮景。而有著地利之便的中正路老街區，成為伯公岡最早發展的區域，攤商結市、熱鬧非比以往。然而，隨著鐵路改道，許多熱鬧也畫上休止符，如今只剩下頗具異國情調的洋樓建築，見證昔日車來人往的榮景。

我們又轉進了另外一條街，這裡可見紅磚、拱廊，我們漫步著，日光悠悠地落在騎樓上，我們闖入尋常不過的風景中，卻讓人充滿新鮮感。從小在富岡長大的同學跟我說著，那間是他最常光顧的雜貨店、那裡是他曾經與鄰居小孩打架的騎樓、哪裡的鄰居跟誰不好等等，每間街屋發生過什麼故事，他幾乎都知道。許多故事從他口中說出，讓富岡老街有了不同的溫度，這是富岡老街與他的生活日常。有機會，換你來體驗看看是否有曾經熟悉的青春模樣。

三坑老街

新生活鋪陳的過去、龍潭第一街

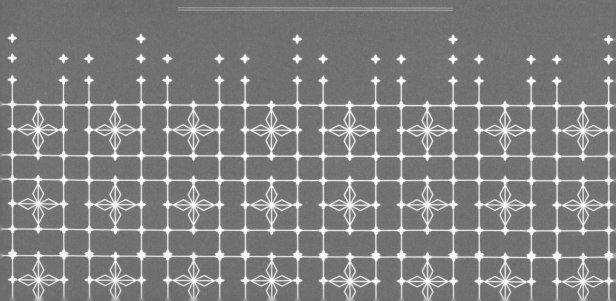

城市的發展轉移，讓三坑老街也不比當年熱鬧，可它卻依然是「龍潭第一街」。

早時的大漢溪水位較深，許多商旅船隻透過船運的方式由三坑仔登陸到此。有碼頭的地方就有繁榮，三坑成為附近城鎮的貨物集散中心，帶動了地區的繁華，是龍潭發展商業的先驅，得到「龍潭第一街」的稱號。在石門水庫興建、桃園大圳修築，大漢溪的水位下降之後，船隻已經無法再透過水路抵達於此，加上公路發展普及化，陸運取代了水運，繁華也隨著流水塵封記憶中，回歸了寧靜。

沒有商業進駐的三坑老街，不像台灣其他地區的觀光老街，擁有大量攤販與店家，三坑老街的店舖全由在地居民經營；街口那間專門販賣包子的阿香菜包，包著老街熱騰騰的客家氣味，菜包、米苔目、草仔粿，居民共同從味道中傳遞出濃厚的客家風情。三坑老街入口處稱之「黑白洗」，一條清澈的小水溝是在地婆婆媽媽洗滌衣物的場所，也是她們串聯感情的所在。

走到老街的終點，是居民的信仰中心「永福宮」。百年歷史的永福宮，不比其他香火鼎盛的廟宇擁有華麗的裝飾，斑駁的木門、剝落的屋瓦，都保留著更多歷史感，不過，祂已經準備整修了。我買了雞蛋冰，坐在廟埕廣場，吃著融化的冰，一座戲台勾起了我小時候的回憶。小時候就像現在一樣，奶奶總是會帶著我到廟埕前買一支冰給我，坐在廟埕前看戲。不管是歌仔戲、布袋戲，都是當時網路、電視還不發達的那個年代最棒的娛樂。忽然間，永福宮前的電線桿，上頭掛著的放送頭忽然響起，放送著一段訊息，打破了街道的寧靜，不知道為什麼，覺得場景好熟悉，或許是這道廣播是村落中人情味散播的最終系統吧？

不管是假日或平日，來到三坑老街總是安安靜靜。從街頭走到街尾，短短的街道兩旁建築物沒有經過太多修築，而且你會發現，這裡的店家平日大多都不開業、假日的打烊時間也很早，原因是店家選擇了「用新生活鋪陳過去的生活」，居民平日大多在附近的工廠上班，唯有假日空閒的時候才會在老街內開店，不僅維護了生活的基本收入，也延續了老街的文化脈絡，就像是這裡的時間，還是繼續走著。

三坑鐵馬道 | 桐花滿開的小徑

　　三坑老街最佳的體驗方式，就是騎著腳踏車追風。尤其春天櫻花盛開、五月桐花開，七月則可見野薑花，不同季節來騎乘，都有不同的視覺感受。老街中有幾家自行車出租店，租車後可沿著龍潭三坑自行車道環遊一圈。車道全長分為大環與小環，分別為 12 公里與 7 公里路程，除了車道起點的地方有緩坡外，其他都是下坡或是平坦的車道，騎乘起來非常舒適愜意。

大溪老街

桃園情感特調的黃金比例

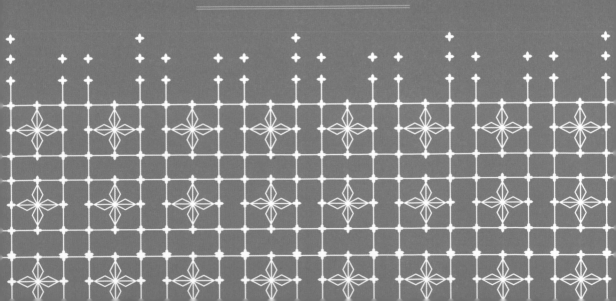

「大溪」對於桃園人的情感比例，就像是台北人對於陽明山的關係一樣，是相當緊密的。從小在桃園長大，這裡，就是我學生時期最喜歡的「後樂園」。高中學生時代，只要碰到段考半天，學校就會放我們回家，多了半天的空閒，常常找幾個要好的同學，掏出口袋的幾個銅板，從桃園車站搭上桃園客運公車，搖搖晃晃花上四十分鐘車程去大溪，吃吃老街美食、看看大漢溪風景，展開一段老街的豆乾小旅行，釋放考試所帶來的壓力。大溪老街，也是僅次於鶯歌、三峽兩條老街之外，我最常觸及的一條老街。

說到桃園有什麼好玩？可能連桃園人自己都難以啟齒。其實桃園著名的景點都集中在大溪，如石門水庫、阿姆坪、大溪老街、大溪吊橋、慈湖等等，包括許多私人觀光農場、花海農場也都設立於此，更是進入充滿原民色彩的「復興區」前哨站。大溪舊名「大姑陷」，也因大漢溪造就繁榮。許多貨物都透過航運進到大溪，有了貿易行為後，洋行、商行紛紛進駐，進而開創了大溪市街輪廓的開端。

當時進駐大溪的商行大多聚集在和平路、中山路一帶，中山老街比和平路晚幾年興起，屬於日領晚期的建築。隨著石門水庫的建立，大漢溪河道裸露出河床，不再能航行船隻，那些繁榮也不能再透過水路進到大溪，航運榮景隨著石門水庫沉沒到了水底。

大溪老街後續透過豆乾與老街的形象包裝找回了人潮。來到大溪老街，那幢洛可可風格的洗石子立面上，冠上了商店字號，周邊並以立體的浮雕分飾出不同的鳥獸花草，在風雨日光的鑿刻下，寫下了時代華麗感。對面那幢巴洛克式的山牆上則是透過雕刻，呈現出視覺的律動感，在光影角度變化中，堆滿了歲月的痕跡。詳閱街屋是逛老街的樂趣，街內的每一幢房子立面就好像一本書，分別寫下了不同的屋主故事，刻畫著街屋的個性與時代象徵。例如動物類看見「鶴」表示長壽、鳳凰則是象徵富貴；植物類的牡丹則是描繪富貴、橘子則是希望討個吉利；器物類的花則是取諧音象徵「平安」，八卦則是有避邪之功用。仔細觀察，不難看出當時屋主的用心與悄悄在細節較勁的心機，反映了大溪過去的社會文化、經濟脈絡與居民日常。

但你也會發現，街上不全然是「老屋」所組成，三、五步就會看到一幢充滿現代化的水泥房，它們與老屋比鄰，在這個時代共生共存。但街屋立面蓋上了的現代招牌、旗幟、布幕，過度飽和的色彩、文字，卻擋住老屋立面的故事，有些可惜。有些老屋逃過了後天人為的摧殘，卻抵不過時光的摧殘而殘破頹圮。但隨著老屋保存觀念的改變，以及促進當地觀光的發展，荒廢的老屋一棟又一棟修復回來，重新注入新的靈魂，延續時代的輪廓。

現在的大溪老街與我記憶中的樣貌其實沒有太大的改變，平日老街沒有商業喧囂，日光呈現出的寧靜感依然不變，安靜到麻雀的交談聲都聽得見。但只要是時間來到假日，觀光人潮就會大量湧入老街內，此起彼落的叫賣聲、人潮喧譁聲，都遮蔽掉了老街該有的輪廓。商業掩飾了老街的風華，與平日的景象截然不同。

大溪橋 ｜ 延續老街建築的線條美感

大溪老街走到底，有一條不起眼的石階可步行下至大漢溪河邊，這條石階路是早期大漢溪河運盛行時，挑夫運貨至船上所走的通道。步道終點旁則可來到「大溪橋」。大溪橋承擔早期大溪居民交通往來的使命，也串聯起兩岸居民的感情，曾經是大溪非常重要橋樑，後來隨著環道的闢建，大溪橋已經卸下大任。

隨著幾次風災肆虐，舊有的大溪橋已經苟延殘喘，後來歷經了兩次的工程改建，加以美化重建成為全長三百三十公尺的橋樑。大溪橋橋頭的兩端高聳牌樓，延續了大溪老街的巴洛克風格，橋身則以日治時代大溪古吊橋的風貌延伸設計，讓旅客來至大溪，可逗留於橋上吹風看夕陽，遙想當時「崁津歸帆」的風華。假日常常會有街頭藝人在橋頭廣場表演雜技，讓我印象深刻的則是打陀螺的老師傅，傳統的陀螺打法在師傅手上表現得淋漓盡致，令人讚嘆不已。

大溪橋入夜後也燃起浪漫，燈光設計變換交錯的形式，非常浪漫迷人。

大溪老茶廠 ｜ 茶杯裡的金黃脈絡

走進大溪老茶廠園區，一幢建築座落在翠綠的草地上，周邊是鬱鬱蒼蒼樹木包圍，藍色的窗框、水泥灰的外牆，冠上了大溪老茶廠字樣，用歷史的姿態，寫下我的第一印象。

正名為「台灣農林大溪老茶廠」的園區，是日本三井合名會社於 1899 年來台開拓的茶園，建於 1926 年，當時舊名為「角板山工場」，直到 1946 年改名為現在的「大溪茶廠」。1956 年的一場大火，使茶廠付諸一炬。當年老蔣總統因不見原本熟悉的茶廠，了解原委後，下令工兵全力協助重建，才得以讓我們現在還能看見這座充滿故事的「大溪老茶廠」。

茶廠後期在台灣農林修繕維護下，保留了老茶廠的原貌，開放遊客參觀。茶廠建築分為兩層，一樓空間外側為複合式茶文化空間設計，以充滿設計感的陳設方式，將各種茶包、茶具及商品完整呈列給旅客挑選。設計上特別搭配了溫暖色調的黃色鎢絲燈，讓整個空間氣氛相當穩重。來到二樓空間，木造衍架、整排藍灰色窗櫺，微光從窗子映照進廠區，讓人感到時光的重量。茶廠大量保留了當時的天井、檜木萎凋架、萎凋槽、投茶孔等等，讓喝過茶卻不知道製茶的人們認識茶業的各種面貌。

這裡也另闢有兒童閱讀區，放置關於茶業的繪本書籍，讓小朋友透過書籍來深入了解製茶文化歷程。茶廠距離熱鬧的大溪老街約有半小時的車程，適合緩步逗留，不適合快速的與它擦肩而過。慢慢地逛、慢慢地品嚐，感受百年以來的雋永光陰。

場館位置：桃園市大溪區新峰里 1 鄰復興路二段 732 巷 80 號
營業時間：10:00–17:00（如有異動依官方公告為主）
官方網站：http://www.daxitea.com/tw/
洽詢電話：03-382-5089

151 支老檜製成的交錯木造衍架，縱橫排開。運用榫頭及力學結構，在視覺上排列呈現數大就是美的感動。

充滿復古韻味的老鐵椅漆上了繽紛色彩的外衣，是茶廠內最華麗的色彩。

北埔老街

九降風的手寫日記

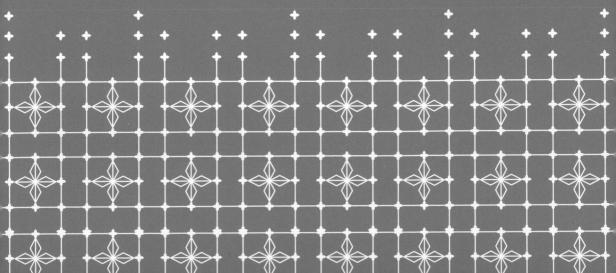

翻開我的手寫日記，掉出了一張拍立得照片。方框中的畫面，鎖住了我第一次到北埔的記憶。那是 2011 年，當時秋天已經夾著尾巴，等著跟冬天交棒的那天。睽違多年，再次踏上北埔老街，薄外套的季節，陽光走得很快、在午後拉的很長，我追逐著。老爺爺用掃帚把落葉掃到牆角的位置；老婆婆則是坐在小板凳上正在替醃菜翻面，不忘與爺爺聊上一段關於晚餐的細節。唯有竹簍上的柿子滿滿，陽光一下午的洗禮，透得金黃，睡得好熟、好沉，浮出了雪白的柿霜，還不甘願醒來。老屋騎樓是生活的舞台，歲月與日常情感的戲碼，都被日光拉得很長。

節氣立秋之後，九降風一直呼呼地吹，催紅了甜美的柿子，吹出了我的旅途記憶。頑皮的九降風吹著我前進，走進的巷子好像迷宮似的，讓人找不到一個出口，而它卻能隨意的穿過新蓋的民房，穿過懷舊的街屋，在中間找到遠方我看不到的路，找到了老街天水堂、找到了金廣福公館、姜阿新故宅等等，最後找到了藏在巷尾、那間賣著熱粄條的老店。

在客家居民為主的新竹，山線城市中北埔開發較晚。北埔更是以武力拓墾而來，來到這裡你會發現聚落特性有別於其他地區，大量融入客家人篤信的風水元素，其中更把季風、軍事、商業、宗教、防禦等等條件都納入建築考量，還要擋掉不好的煞氣，讓「家不僅是家」，更要是能防風、聚氣、聚財、聚感情的場域。就好像要下一盤棋，攻守之間、充分講究戰略、做出勝利的格局。

暮色染紅了天邊一角，夕陽穿透炊煙，伴隨著粄條的香氣，熱騰騰的沿著石板路飄進了慈天宮廟埕廣場。原本熟睡的鰲魚瞬間甦醒，原來是晚餐時間又到了。街燈亮起，大街被路燈照得亮晃晃的，屋內則是幽晃晃的，剛剛的老爺爺與老婆婆已經在用碗筷佈局今晚的餐桌，那斑點覆蓋的雙手，像是時光的烙印。

內灣老街

駛上時代的破折號

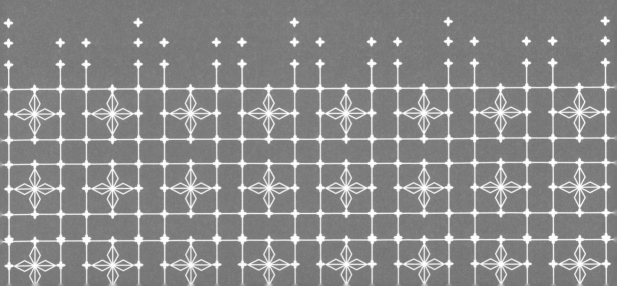

　　嗚──嗚──嗚──，鳴笛聲亮了山谷，鐵軌像是一條破折號，開啟了內灣的光榮時代。輝煌的故事，就在這座山城中展開。

　　從新竹車站分歧而出，內灣線上的柴油列車緩緩前進。我坐在車廂內，從城市到田野，窗外的風景像是電影，不斷轉場。最後穿過明隧道，駛進了這座因林業、礦業、石灰、水泥業而繁華過一時的「內灣」。

　　1951 年，典型客家村莊的內灣，是尖石鄉對外聯繫的重要門戶。當時內灣對外交通非常不方便，為了加速運輸當地的林木、礦產及物資輸出，進而興築鐵路，把內灣與竹東、新竹一線串聯，進而加速了內灣的經濟發展。工作需求增多，大量勞動人口移入，商業在內灣奠定了基礎，商店、戲院、酒館如雨後春筍般一間間開設，使得內灣成為新竹山線城市中，少數擁有娛樂行業的聚落。直到 1970 年後的林業政策改變、礦產枯竭，內灣就像是電影散場，隨之沒落。

　　台鐵有三條因應時代變遷而轉型發展觀光的鐵路路線，內灣線是其中之一。隨著觀光鐵路發展，內灣鐵道的功能轉變，輪轉的是觀光商機。每日進站的第一班小火車卸下已是背著相機與帶上旅程期待而來的遊客，替內灣老街的熱鬧展開了序曲。

　　內灣老街也配合觀光，以客家小鎮為主題，進行商圈改造、重塑形象，搭配四季不同的活動主題招攬遊客目光。但商家為了吸引更多人注意，卻用招牌、布幔遮蔽了老街應有的街屋形體，商業再次凌駕於山村的歷史痕跡之上。使得大多來到這裡的旅人，只記得哪個好吃、哪個必買，過往的美麗，卻只留在看板上撰述的文字中了。

內灣吊橋全長約 147 公尺，寬 2.6 公尺，橫跨油羅溪，有一種山林吊橋間特有的古樸味。

內灣吊橋 ｜ 鋼索的平行記憶

　　橫跨油羅溪上的內灣吊橋，是遊客到內灣必然會造訪的一座吊橋。吊橋雖保持著相當古樸的姿態，但在歲月的摧殘下，橋身留下了斑駁的痕跡。在一旁的水泥橋樑修築之前，內灣吊橋更是當地唯一能與外界聯絡的重要橋樑。雖然吊橋下的溪床，夏日總是可見許多戲水人潮，享受著從尖石鄉流竄而下的冰涼溪水，發出歡笑聲，但內灣吊橋像是獨居老人，座落在這裡，度過一生，日復一日，守護著內灣過往的記憶。

櫻木花道 ｜ 粉紅色的驚嘆號

內灣老街走到了街尾，人潮與塵囂都擺在後頭；穿越屹立不搖在河谷之上的內灣吊橋，人潮越來越少，直到空氣中剩下潺潺流水聲，彷彿葉子落下的聲音都聽得見。立春後的內灣，山谷之間的風涼得讓人哆嗦，也吹來了一片春天的粉色系，一片一片的落在內灣的「櫻木花道」上。櫻木花道如其名，是一條由櫻木組成的小徑。小徑一旁有間咖啡廳，旅客可以坐在滿開的櫻花樹下遠離老街的沸騰，悠閒地喝上一杯咖啡，享受任由櫻花隨風紛飛的冉冉時光。

湖口老街

空等，不值得？

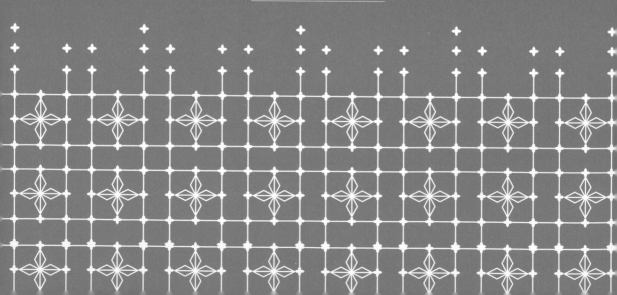

有一回在日本旅行，躺在飯店床上收看日本的電視節目，其中一個旅遊節目吸引了我的目光。節目上派遣一位不會說中文的日本人到了台灣各處旅行，並且透過搭火車的方式到各個「車站」找尋「站前美食」，以日本人的角度去和台灣人進行互動，介紹台灣。在一集節目中，主持人搭火車到了「湖口車站」，開始找尋湖口車站前的美食。他遇到了一位阿姨，兩人語言不通，卻可以透過比手畫腳的方式達成共識，阿姨說要帶他去一個有湖口故事的大街，並用摩托車，砰砰砰的載著主持人來到了這個地方「湖口老街」。

主持人看見湖口老街以紅磚搭建而成、戶戶相對的街屋，感動地說出「好美」。這也是我第一次在外國節目上，看見湖口老街登上了世界的舞台。有著拱形門廊的家屋，是湖口老街的特色，棟棟老建築都滿載了老湖口的故事。雖然老街後期開始轉型發展觀光，但許多屋子中仍然住著老居民，有的則是利用自家的騎樓，做起了生意。午後前來，可以看見居民悠閒地在自家門口澆花，旁邊卻有個販售紀念品的小攤子，是日常與觀光共生的有趣畫面。

舊稱「大窩口」的湖口老街，於日治時期就整建而成。以縣定古蹟三元宮為中心，由兩條街道交會而成，包含街頭、橫街、新街三條街，其中新街就是我們現在所稱的湖口老街。過去鐵路途經了湖口老街，並在目前老街入口處的「老湖口天主堂」設置了「大湖口火車碼頭」，車站前方的街屋因商業需求而生，進而帶動了湖口的繁華。

常說好景不常，後期鐵道路線遷移，使得原本的「湖口車站」移到下北勢地區，讓湖口擁有「老湖口」與「新湖口」兩個商業區。但鐵道這條湖口的大動脈繞道了，後續也沒有足夠的人潮繼續澆灌當地的商業發展，資源無法繼續挹注下，一切就隨之暫停了。原本熱鬧的老湖口，開始衰退。頹圮的湖口老街，原面臨荒廢及拆除的命運，但隨著近年古蹟保存的意識抬頭，居民、社區與政府聯手合作謀劃，翻修了 300 公尺的湖口老街，老街牌樓、店亭、石板路與綠化工程，讓湖口老街有了嶄新的風貌。

轉向發展觀光的湖口老街，找回了生機。兩側房舍採閩南式構築，閩式風情濃郁的紅磚原色，牌樓立面採羅馬巴洛克建築，二樓窗戶和女兒牆間有水泥楣點綴，商號名稱鑴刻其上，東西方建築藝術的融合是整條老街最有特色的地方。老街中的屋子沒有太多的改造，保留了早期台灣街道最完整的面貌，更沒有太多現代建築參雜其中，是台灣目前保存最完整的老街之一。如果抱持著觀光心態而來可能會有點失望，但如果用欣賞的角度、散步其中，會讓人像是走進時光軌道中，如同那位日本人走完老街後說的一段結論：走在長長的街道，像是讀完一篇章節。

富興老街

用心沏一杯老時光

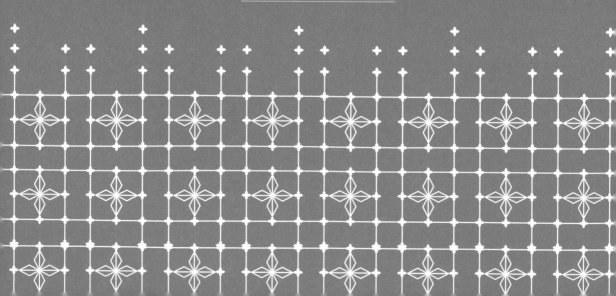

第一次來到峨眉，第一次來到富興老街，這裡跟我印象中的老街模樣完全不同。並非觀光型的富興老街，古名為「褲浪埔」，後來改名為「富興」，有「富貴、興隆」之意。街廓以當地的信仰中心隆聖宮為擴散，是一個典型的客家聚落。

峨眉舊稱「月眉」，是因峨眉溪在此地迂迴，形成了半月形的地貌，因此而得名。在日治時代行政區域調整時，改名為「峨眉」，早期更因製樟腦及生產譽有「茶金」的茶葉而興盛。

走進富興老街，雖然看不到太多的老房子聚集，但老街內有一間超過百年歷史的「曾家老宅」，與一間由百年老茶廠轉型而成的「富興茶業文化館」。老茶廠過去專門製作生產峨眉鄉的特產東方美人茶，也是知名茶飲「茶裏王」拍攝電視廣告的取景地，現今轉型為文化館。富興茶業文化館茶工廠建於 1928 年，在當時是富興村第一家導入機械製茶的茶廠，專門製造紅茶、綠茶、烏龍茶外銷。隨著台灣農業的沒落，茶廠吹了熄燈號，直至民國 95 年，茶廠被列為「新竹縣歷史古蹟」並加以整修，有了新的時代轉機，將其規劃為富興茶業文化館。茶廠內保留了當時的建築風貌，並融入了新的元素在其中，遊客可以操作體驗，對於展覽品來說，這些器材可說是非常友善的。過程中更可以向駐館的師傅學習泡茶、品茗的樂趣，從沏一杯茶之中，認識到這條富興老街。

隨著時代的演進，茶廠中的許多老器材雖然已經用不上，但透過這個空間能讓更多人有機會認識它們，並體驗到早期製茶的艱辛。

十二寮休閒農園 ┃ 菜包擂茶自己動手做看看

　　峨眉是新竹的客家之鄉，客家擂茶在台灣更是相當經典的食品。「擂」就是研磨的意思，擂茶則是客家人用來招待貴賓的一種茶點。來到以客家體驗為主的十二寮休閒農園，可以體驗客家擂茶 DIY、黃金菜包 DIY、客家米食 DIY「粢粑」等等課程，其中麻糬在客家話中稱為「粢（ㄘˊ）粑（ㄅㄚ）」，是客家米食文化中具代表性的食品之一。早期的客家人因為節儉，吃剩的飯捨不得丟掉，因此將吃剩的米飯用石臼搗成麻糬、並沾上花生粉，成為招待客人或是自行享用的特色點心。

　　除了體驗之外，這裡也提供腳踏車租借及餐點服務，是一個可以吃、又可以玩，讓人會想待上大半天的好地方。

客家菜包因為外型捏成像是「裝豬仔」的竹籠，又稱為「豬籠粄」。

農園位址：新竹縣峨眉鄉湖光村 13 鄰 21 號
營業時間：07:00-17:00（周一公休）
預約專線：0928-103-027

峨眉湖環湖步道 ｜ 樂活環湖追風趣

◇◇

　　第一次到峨眉，是以騎腳踏車的方式到此一遊，加上散布兜了一圈。雖然當天很熱，不過因為沿途都有綠蔭，加上蒼蒼的湖水讓人從視覺就感受到涼爽。峨眉湖又名「大埔水庫」，是首座由台灣人自行設計、興建的水庫。要欣賞峨眉湖的美景，最棒的方式就是騎著腳踏車搭配散步的方式，走一圈全長約 3500 公尺的步道。步道串聯起彌勒大道及細茅埔吊橋，初夏時還會遇見桐花紛飛、螢火蟲飛舞的景象，非常優美。

關西老街

紅磚圈起生活的美好關西

廉價航空的興起，人人都可以買到一張便宜的機票展開一段旅程，讓我們與世界的距離拉近了許多。近年到日本旅行的人非常多，尤其是關西地區的京都，那老屋建築一字排開多麼迷人，讓許多人心生嚮往。但很少人知道，台灣368鄉鎮中，也有一個叫做「關西」的小鎮，也是台灣仙草的產地。

　　新竹關西與日本的關西地區在諧音上還真的有一點關係。關西老名為「鹹菜甕」，在日文中「關西」與「鹹菜」發音幾乎相同，因此日治時期日人將鹹菜甕改名，「關西」就此誕生。

　　「關西老街」位於全台灣最短的關西中正路上，它還有個很美的別名，叫做「石店子」。開車來到關西，經過熱鬧的關西市場，街市還真是熱鬧，但一個拐彎，轉進了石店子老街，卻是意外的寧靜。用步行的方式慢慢走，巷口左邊是一家布莊，斑駁的木門流瀉出時光的味道；店內的鎢絲燈，用藍色光譜亮了一半的空間。老奶奶戴著眼鏡，放下手上的長尺，拿起一把黑色的大剪刀，裁剪著一塊又一塊的布匹。對面的菜苗店，一棵棵小菜苗發出生命的光輝，引頸期盼著有緣的農人來將它帶回家，養育成茁壯的大苗。前面轉角那間磨刀店，老爺爺用經驗的火光，將一把鈍器磨成一把把鋒刃。五金行的老闆娘，手握一把粉紅扇子，坐在門口的躺椅上，舒服的睡著了，都忘了店門還敞開呢！老街上有著布莊、五金行、打鐵店、中藥材等店家，屋子與屋子的中間還設計了一條能夠直通市場的「穿屋巷」，勾勒出我對石店子的初步印象。

　　石店子老街低矮的紅磚瓦屋，搭配紅磚拱圈的騎樓一字排開。看似不起眼，卻都承載了百年的歷史脈絡。我以為有著與世無爭性格的石店子老街，沒想到也曾是頂尖的浪子；過去戲院、娛樂場所都在這裡設立，更有「關西銀座」的美名。對照現今的頹圮，讓人感嘆。

沿著街屋一路往下走，來到牛欄河畔。這裡曾經設置過河運碼頭，商貨的流通運轉了關西的繁榮，成了關西發展的起點。但那些繁榮會來、也會走，時代的洪流終究是抵不過，人口與榮景最後都走了，沒有人知道，這故事的下一頁會是如何寫？

　　好在近年關西來了一群懂得欣賞的人，將原本閒置已久、漸漸被人遺忘的老屋承租下來，重新修繕、整理，百年老屋成了二手書店、手作小舖，有的更變成複合式的展覽空間，定期舉辦展覽。不走譁眾取寵的觀光型態，老街不賣烤香腸，不賣仙草愛玉，選擇從「文化」開始扎根。讓藝術、文化與書香，在殘破頹圮的老屋內開花，老街屋獲得的新養分，也與新時代開始有了橫向的串聯。

關西分駐所

　　走進關西石店子老街，街口有間大門深鎖的建築，上頭看板寫著「關西分駐所」。分駐所的一樓大門為三角山牆，是 RC 磚造建築，覆上日本瓦。仔細觀看，門柱上不難發現有西洋幾何圖案的元素裝飾，這是當時很流行的「興亞樣式」建築。

　　分駐所雖然已經有著近百年的歷史，是新竹縣定古蹟，也是整條老街最令人驚豔的一棟建築，但分駐所人員搬離原址後，整棟建築幾近荒廢、缺乏照料，外觀雖然看起來很完整，但顯然也沒有人多規劃與照料，成了治安的死角。隨著近年關西老街逐漸發展，政府已經著手在整理關西分駐所，期待未來分駐所能以新的面貌與我們相見。

東安古橋 ｜ 我的少女時代取景點

日據時期興建的東安古橋，原本是座木造便橋，但只要遇到山洪大水，橋樑便會被沖走，造成居民進出的交通中斷。後來地方人士聘請了日本設計師前來勘查興建永久性橋樑，東安古橋也就此而生。

超過九十年的東安古橋，運用了力學「形抗原理」精確計算石材之間的契合度，築成石砌造型的拱橋，用五個連續的拱門造型跨越了牛欄河，不僅造型優美，也非常堅固耐用，更吸引了前些年很紅的台灣電影《我的少女時代》前來取景拍攝。橋下的空間則整理成讓民眾可以親近的親水公園，兩條步道沿著牛欄溪平行闢建，夕陽時分暈黃的夕陽染紅了古橋側身，坐在河岸邊欣賞著眼前上演的美景，淡淡的滄桑之美就烙印進心頭裡。

橋樑位置：新竹縣關西鎮中山東路口牛欄河上

東安古橋橋面充滿紋理的石塊，都是當時以人力搬運至現場，並透過石匠砌築而成，
顯現當時造橋技術的高超品質。

苑裡老街

重新編織的時代記憶

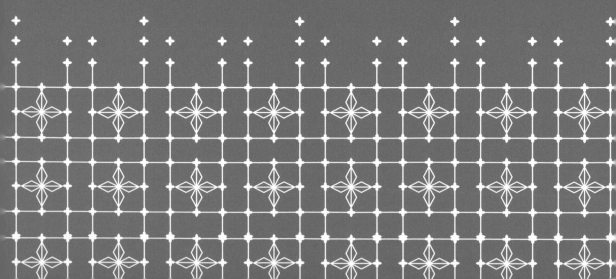

步出苑裡車站，車站前方筆直的道路看過去，街道兩旁開滿了一支又一支五顏六色的大傘，這裡是當地婆媽買菜的天堂「菜市場」。我被熱鬧的氣氛所吸引，穿越了中山路沿著為公路前進。早上九點的天下路與為公路交叉口，小小的十字路口滿滿的都是街市小販，他們用叫賣聲填滿了每一寸空間，出來買菜、賣菜的人潮，讓市街變得好熱鬧。

　　我轉向天下路走了過去，喧囂聲頓時少了很多，街道兩旁的樓房也從現代化的水泥建築，轉變成較矮小的房屋。房屋上刻劃著歲月的痕跡，那些斑駁的商號，彷彿告訴我，這裡就是苑裡老街的所在。

　　苑裡是苗栗很早開發的鄉鎮之一，天下路更是苗栗地區街屋保存完整度較高的老街。少部分建築的巴洛克華麗裝飾都還存在，有些立面還保留著紅磚和洗石子舊樣式，不過時光使它們都斑駁了一些。雖然一旁就是熱鬧的市集，但走在老街上發現空屋率很高，少數還有在使用的屋子經過拉皮後，成了一種災難，成為時代美學下的四不像。走過幾步路，一幢充滿懷舊氣氛的老理髮院吸引了我的目光。日光透過玻璃窗灑進幽暗的空間，桌上擺滿了刮鬍、剃髮的刀剪。年過半百的老理髮師窩在木製躺椅上打著盹，一旁桌上還放著早餐吃剩的餐盤，今天似乎還沒有客人上門。店內兩張超過四十年的椅子，彷彿跟理髮師一樣在等候著新客人的到來。店內的陳設一切都保存著像從前一樣的氣氛，而那面鏡子照過無數的容顏卻是一個一個地老去，它卻可以不受時光的洗禮，依然亮麗潔淨。

　　苑裡街與街之間，有如藺草基礎編織技法「壓一仔」，透過交叉打出脈絡，交織出熱鬧與繁華。

振發帽蓆行 ｜ 老街藺草仍飄香

藺草是苑裡老街的原味，屋外還保留著當時的鐵鑄拉門，水藍色的木門擋不住屋內藺草的味道，吸引著我探頭探腦地在店外看著。

老街中段的振發帽蓆行於 1922 年開張，見證過苑裡藺草產業的興衰。店內的老婆婆頂著蒼蒼白髮，露出笑顏要我慢慢看，這是時光堆疊下來的親切感。苑裡是藺草的故鄉，「帽蓆產業」在苑裡發展得最為興盛，全盛時期天下路的家戶都在做藺草產業，許多中大盤商皆在這裡起家。隨著藺草需求不再像過去這麼多，老街內僅剩下幾家還在堅持著。

振發帽蓆行使用苑裡特產的三角藺草編織而成手工藝品，可以挑一頂喜歡的帽子帶回家，或是買雙特別的草鞋穿穿看，從藺草的肌膚觸感中，感受時代的細節。

店家地址：苗栗縣苑裡鎮天下路 159 號
營業時間：08:00–20:30
洽詢電話：03-786-1026

茂焱肉圓 ｜ 苑裡的銅板美食

　　苑裡居民向我推薦的在地美食，是這家位於市場口的茂焱肉圓。攤位販售的單品很簡單，以肉圓、魚丸羹、香腸為主，一份都只要 25 元。中午用餐時段看見前來購買的人都是好幾個肉圓一次買。用炸的肉圓外皮Q彈、內部飽滿多汁，搭配一碗餡料非常多的羹湯，就相當有飽足感。在這個時代中，能夠用幾個銅板吃到這樣真材實料的肉圓，真的是少之又少了。

店家地址：苗栗縣苑裡鎮為公路 80 號
營業時間：07:30-20:00
洽詢電話：03-786-4852

苑港彩虹橋

橋樑位置：苗栗縣苑裡鎮苑港漁港

　　苑裡是台灣西部海線鄉鎮，沿著苑裡的濱海走，有幾座小漁港，其中苑港彩虹橋最有看頭。我喜歡在這裡看夕陽到入夜，像是一艘船揚起大帆的橋身，入夜後會點上多層次變化的璀璨燈光，當風從幽靜的海水輕輕吹來，彩虹橋會展現出不同層次的美，是不錯的浪漫約會地點。

南庄老街

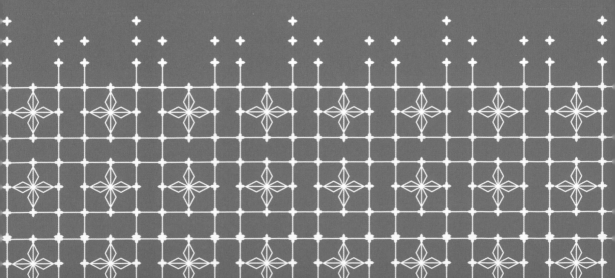

黑金之夢，桂花飄香

聽到店家吆喝聲此起彼落，就知道南庄最熱鬧的「桂花巷」到了。小小的巷道，兩旁店家比鄰，很有默契地共同招攬路過的旅客，大方的端出各種口味釀造飲給過往的旅客試飲，希望他們停下腳步，嚐一嚐這杯濃縮南庄美好的滋味。其實更希望是他們掏出口袋的鈔票，帶上個幾瓶，好讓今日有豐收的業績。

望著那五顏六色的包裝盒，裡頭裝著都是自家產的各種釀造飲，不由自主地從大姐手中接過一小杯桂花釀來試飲。淡淡的桂花香與蜂蜜的甜在口中化開，彷彿溶解了心頭裡最深層的燥熱，不小心脫口說出一句：「真好喝！」大姐看著我滿足的眼神，彷彿抓到機會了，持續發動攻勢，手腳並用的介紹著更多的產品，火力全開。而我在這場攻防戰中徹底失守，掏出了三張百元鈔票，跟大姐買了一組桂花釀，這一杯濃縮了她熱血的桂花釀。

旅客來到南庄，朝聖的第一個景點通常是桂花巷。短短一百多公尺的巷子，就集結了70間以上的店家，假日人潮總把這裡擠得水洩不通。這條小巷中販售的商品全跟「桂花」有關，讓人誤以為南庄是桂花的產地，所以名產自然就是「桂花釀」，甚至推出了「桂花香腸、桂花茶、桂花保養品」等等，能以桂花製作的周邊商品全都出來了，創造了桂花巷的極大經濟價值。

但實際上南庄不產桂花，據說是有人來此的無名小店吃麵，不知道如何稱呼這裡的小店，剛好店旁邊有種植桂花，就因此取名了桂花巷，在口耳相傳下，「桂花巷」就像是乘著風飛揚的桂花香，傳遞了開來。

一杯桂花釀，就如它的滋味，酸中帶甜，反映南庄過往的故事。極盛時期的南庄是許人的夢想中心，大量來自外地的年輕人帶著行囊搬遷到南庄從事伐木與礦業。人口的聚集讓南庄快速發展，帶動了村內的繁榮，開設有四家戲院、二十幾家茶室及酒家，成為山線裡最璀璨的煙火。台灣許多鄉鎮因礦業而發達，平溪、九份、內灣亦是如此。

不過，再美的煙火都只是光影瞬間的感動。森林與礦產相繼枯竭、礦工無礦可採，紛紛離開了南庄，另尋新的出路。風光瞬間沉寂了下來。但南庄也不是輸到一無所有，地理位置偏遠的條件讓大型開發與商業都很難有意願進駐於此，加上南庄是客家人、漢人、原住民的交界點，使這座山城老街留下了專屬的文化風貌，成為南庄推動觀光發展的基礎。

離開了擁擠的桂花巷，沿著倚山曲折的小道前進，總算獲得了片刻安寧。本應該是礦工進出的坡道，卻變成了觀光客探索的秘境。坡道旁，有一棟被巨大楓樹庇護著的老建築，陽光透過了大樹的縫隙，落在木造外牆，陽光照不到的那一角爬滿了翠綠青苔，寫滿了寧靜。

　　以檜木打造的南庄郵局已有百年以上的歷史，郵局的前身是日式辦公廳舍，現今轉型為文物會館，裡外擺放了許多客家文化相關的展品，讓旅客有一個能夠了解南庄客家文化的出口。郵局前面的下坡階梯名為「乃木階」，過去是為了方便居民挑擔重物及歇息之道，隨著時光折騰，階梯目前殘存 30 階。坐在木條座椅上，一陣大風吹過，樹葉在空中旋轉飛舞，落在我眼前的階梯上。我想著，那些曾在混濁、幽暗的礦坑中築著人生藍圖的工人，這裡結束後，下一段未來會在哪裡？

南庄郵局為苗栗縣十大歷史建築，大大的郵筒霸氣的座落在郵局前，像是在與
過往的旅客宣示自己在南庄不可取代的地位。

汶水老街

混濁之後的紋理沉澱

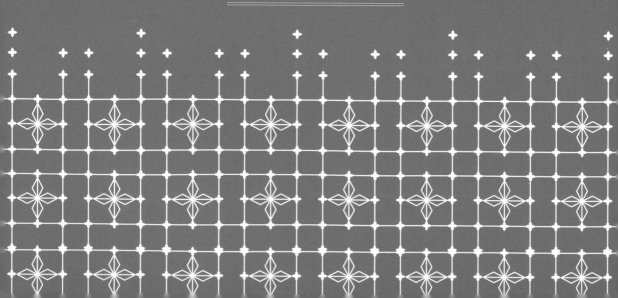

春節過後天氣轉為穩定，暖暖的天氣舒服得讓人想出門走走。春天是草莓飄香的季節，追尋著春天的香氣，開車駛上台72線快速道路，高架道路有後龍溪的蜿蜒相隨，公路左右兩旁皆是翠綠的山巒，一座又一座的綿延映照在擋風玻璃上，跟隨著我往大湖方向前進。很快的，終點端進入到苗栗的客家鄉鎮「獅潭鄉」。

對於第一次來苗栗、行程又走得急一些的人來說，不仔細看，很容易錯過這條非常低調的汶水老街。汶水老街低調的躲在高架橋下，位於兩河交匯處。名字中的「汶」為客家語的混濁之意，形容於附近的汶水溪及後龍溪因湍急形成的混濁景象。這裡早期因為有碼頭，是獅潭、泰安、大湖等三鄉鎮的貨物集散地，曾經風光一時。時代轉變下，商貿榮景已不在，近年轉型發展成觀光老街，並成為旅人進入大湖前的第一站，有大湖門戶之稱。

走在汶水老街內，約二百公尺長的街道筆直劃開，並非我們想像中觀光老街有著那樣熱鬧的街景，反倒是充滿靜謐的氣氛，更是佈滿了居民的生活紋理。尤其是平日的午後走在這裡，少了人聲鼎沸，只剩下後龍溪溪水潺潺的聲音。

雖沒有華麗的巴洛克式建築，也沒有迷人的紅磚瓦引人駐足，但街的韻味始終散發，兩側的民宅，上演著汶水人的「日常生活」，居民在家門口擺著小小的攤位，販售著客家生活小物及獅潭鄉的農產美食。街尾那間香腸攤販烤的草莓香腸，香氣滿溢出整個老街；轉角那家小吃店也不甘示弱，用炒粄條的香味力拼存在感，雙方較勁用氣味在旅人的老街記憶中留下回憶。客家人樸實的生活風貌，山城小鎮的生活紋理，隨處可及。純粹，就是逛汶水老街最大的特色。

國興獸肉店 ｜ 令人皺眉的冬季氣味

　　步行到汶水老街中段，氣味變得不太相同，我皺起了眉頭，心裡想著：「這到底是什麼奇怪的味道？」沿著味道來源找尋過去，發現了這家相當特別的店「國興獸肉店」。

　　國興獸肉店在汶水地區屹立了六十多年歷史，除了賣豬肉之外，門口前則是用紅線吊掛著一整排我沒看過的肉品。我在店門前打量這些肉品，露出的疑惑神情，老闆看見了特別熱情出來跟我介紹這叫做「豬膽肝」，而氣味的來源就是這裡。

　　一整排的豬膽肝在太陽下曬著，這是汶水秋冬限定的風景。早期沒有冰箱可以保存食物，便把豬膽肝透過醃製及日曬加工來延長存放期限，據說這是最能保留膽肝原味的製法，看不見的過程更是繁瑣。透過自然加工方式完成的豬膽肝不加任何防腐劑，甚至可以放上十年都不會腐壞。雖然現場的氣味聞起來不是很習慣，卻能感受到客家人勤儉的韌性。

店家位置：苗栗縣獅潭鄉汶水老街 42 號

洽詢電話：03-799-3534

汶水茶壽 ｜ 存放農夫濃厚的溫情

　　汶水是「茶壽」的發源地。第一次看到茶壽感覺很新鮮，阿嬤用一口客家口音，開心的跟我們介紹著：這是古早人的保溫瓶。早期電器是有錢人的奢侈品，更沒有保溫瓶、微波爐等等的設計，外出工作時，飯菜飲食常常很快就涼掉了。客家婦女發揮持家的天性，透過傳統編織技法製作出一個個茶壽，給外出工作的丈夫使用，讓丈夫隨時都有熱茶、熱食可以食用，是以愛為基礎而建立的產物。

　　其實茶壽舊稱「鳥籠仔」，是由「鳥巢」所延伸出來的產品。早期台灣有一段時間很流行養鳥，居民便以稻桿編織成一個個人造鳥巢去市面上販售，藉此賺錢來貼補家用。隨著養鳥盛況結束，客家婦女便以此為樣本，加工鋪棉成能具有保溫效果的「茶壽」。從麻線縫製再到稻桿編織，最後縫製內裡棉布層，製程相當費心又費時，現今已經是快要失傳的手工藝品。

店家位置：苗栗縣獅潭鄉汶水老街 44 號
洽詢電話：03-799-2828

永和亭飯店 ｜ 客家菜好滋味

老街內雖然有販賣許多特色小吃，有客家粄食、客家菜等，其中藏在老街中段的這家「飯店」最有故事。兩位老奶奶分工打理著名為「永和亭」的小吃店。這裡外觀雖然不特別亮眼，看起來與一般小吃店無異，但走進店內後才發現別有洞天。

室內空間是傳統老房的格局配置，幾塊脫落的花磚，簡單的木椅與長桌，給人像是回到自己老家吃飯一般的溫馨感覺。老奶奶拿著菜單，到桌邊來問候我們，推薦了我們幾道菜單上的特色料理，共三菜一湯。有客家土雞肉、野菜等等，每道都相當好吃。永和亭飯店在汶水有著超過五十年的歷史，主打傳統道地的媽媽風味料理，用客家飯菜的香氣，留住了過路旅人的心。

店家位置：苗栗縣獅潭鄉汶水老街 41 號
營業時間：08:30–14:30、17:00–20:00 ｜週三公休
　　　　　（營業時間若有異動依官方公告為主）
洽詢電話：03-799-1131

梧棲老街

海風餘留的溫度之間

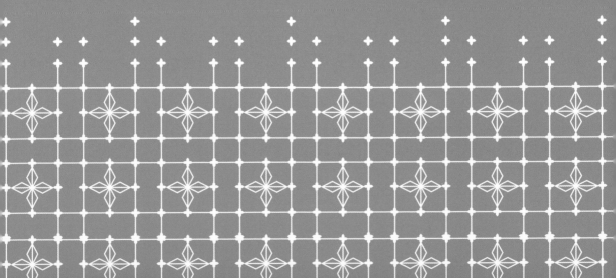

走進梧棲老街，有居民進駐的街屋還有些餘溫，而那些無人整理的老房則是這一棟頹圮、那一棟倒塌，倖存下來的房子，有些被後現代的鐵皮大量束縛住，呼吸更是困難。

　　轉角處有間商舖吸引了我的目光，店內外擺滿了各式各樣的桶子與竹簍，上頭則是放了螃蟹、漁獲等等海鮮，老闆叼著煙坐在店內數著銀兩，而老闆娘則是在外面清洗竹簍，兩個人手頭上雖都有事情在忙，卻不忘對我露出一抹善意的微笑，要我慢慢看，讓人感到暖暖的。

　　「鳳非梧不棲，非靈泉不飲，非竹實不食」是梧棲名字的由來，印證當地輝煌的歷史。當地古稱「竹筏穴」、也名「五叉港」，因地處牛罵頭溪水出海形成的五股分岔處，故舊稱「五汊大街」，繁華起敗也全自於港口。早年海水漲潮時，漁船可以行駛到靠近梧棲街上的碼頭停泊，漁業、航運帶動了當地的經濟發展，更是臺灣中部主要的稻米輸出港，佔有相當重要的地位。後來流沙淤積，逐漸喪失了港灣的功能，商業與繁華就此沉澱下來。

　　梧棲最初發展於頂橫街，曾在西元 1935 經歷大地震。接著實施重建並將市區改正，街容因此非常整齊，目前看見的街屋也是地震後所重建的日式二樓混泥土洋房。房子表面以洗石子搭配簡單的裝飾作為手段，視覺上非常素淨，展現出日式風格低調的內斂美學。有些街屋立面則可以看出名號，分辨出店家的屬性，有診所、餅店等等。街上的朝元宮，是梧棲人的信仰中心，一旁有片被綠色圍籬包圍起來的建築，我好奇的探望，想看看裡面究竟是什麼？

　　住在對面屋子的大叔看見我的「賊樣」，從對街向我喊著：「梧棲分駐所還在整修啦，還沒開放！」或許是有很多人都跟我做過同樣的事情，大叔才會如此提醒。原來綠色圍籬後方的是日據時期所留下來的「梧棲分駐所」，也是街上唯一的巴洛克式建築。雖然被圍籬圍住，但擋不住分駐所前兩棵向外長的老榕樹。在綠蔭下的分駐所，光影之間顯現著時光的滄桑痕跡。

大叔走過街，向我走來，問我怎麼會想來梧棲老街？手上卻還拿著播放八點檔畫面的平板電腦，一邊跟我聊天、一邊看劇，實在可愛。我說，因為沒來過，他便開始熱情的跟我聊起了梧棲的大小事，還說起了 2016 年時，梧棲老街發生過一場大火，起火點來自於其中一棟木造房屋的二樓。因梧棲老街為屋與屋連棟的房屋形式，火勢迅速向兩旁延燒，當時非常著名的新天地餐廳舊址也被燒個精光。

　　說到此，我倒是覺得這場祝融如同一個警惕，再沒有將街道的輪廓好好保存下來，那記憶中的美好或許也會隨著「時光祝融」而殆盡，而那時候我們要如何來談死灰復燃呢？

梧棲朝元宮

大紅燈籠高高掛在街頭兩側，延伸進入到宮廟埕。藍天下的朝元宮拱著華麗的屋頂，冉著信仰裊裊的香火，朝元宮是梧棲人精神情感的寄託，也是梧棲老街的信仰中心。

朝元宮規模雖不比其他地區的大型宮廟來得華麗、來得壯觀，卻供奉著擁有三百多年的「開基媽」。每年農曆三月二十二日媽祖聖誕前，梧棲都會舉行盛大的繞境祈安活動，是梧棲在地相當傳統的民俗文化，也是梧棲居民的信仰歸屬。

廟宇位置：台中市梧棲區梧棲路 140 號

海龍海產店 ｜ 梧棲老字號

　　梧棲有兩家開業悠久的海產店，分別是新天地海產店及海龍海產店。海龍海產店在梧棲老街中段轉角處，不論是什麼時間來，海產店內始終會有許多酒酣耳熱的客人在大快朵頤海鮮。特別的是，海龍海產店沒有菜單，全靠的是「溝通點菜」，想吃什麼從冰櫃裡面看，看完後再跟老闆討論料理方式。

　　因為店面規模不大，上菜速度也會較慢些，但現場卻還是有很多願意排隊的饕客耐心等候。海龍海產店的魅力不可小覷，人潮也替這條寧靜的梧棲老街添上一點熱鬧氣氛。目前新天地海產店已經遷移至其他地區，老街內也只剩下海龍海產店了。

店家位置：台中市梧棲區梧棲路 152 號

營業時間：11:00–21:00（如有異動請依官方公告為主）

洽詢電話：04-2656-3381

梧棲榕樹下豆花 | 沁涼的古早味

豆花店沒有華麗的裝潢，外觀更是不起眼，走過、路過都很容易錯過。可是小小豆花店在梧棲當地卻是小有名氣，也有很多報導。在梧棲，如果有人跟你說約吃豆花，大多說的都是這家豆花店。

我最喜歡的是他們的花生牛奶豆花，花生不像其他店家煮得較為綿密，咀嚼後反而可以吃的到一點顆粒口感。豆花在製作時就將牛奶混合一起，充分混合了牛奶的香氣更是好吃。除了可以品嚐豆花之外，其他相關可以消暑的涼品如綠豆湯、愛玉、草仔茶等等，傳統風味也都可以用銅板價嚐到。

店家位置：台中市梧棲區民族街 9 號
營業時間：10:00–21:30（如有異動請依官方公告為主）
官方網站：https://dessert-shop-1391.business.site
洽詢電話：04-2657-0477

草屯舊街

全台第一大鎮中的老新街

當兵分發選役別，當時想著如果要選，就選一個一輩子都不太可能會待的地方，好好地完整待上一年吧！因此，我特別選擇在南投市政府服替代役，一年說長不長，說短也不短，在南投留下了相當美好的回憶。落腳南投半年後，發現南投的生活圈真的很小，市區的店家就那幾間，每天三餐輪流吃，半年下來也是很膩。有回休假和軍中學長一起騎機車到草屯覓食，後來有空就三不五時往草屯跑。

雖然我不是第一次來到草屯，卻是第一次走進草屯的市區。草屯可說是南投最繁華的城市，甚至遠勝於南投市，顛覆了我對南投應該都是山城的印象。

草屯舊名「草鞋墩」，當地大多為丘陵和淺山地型，沿著烏溪往內陸推就是埔里。過去靠海的居民、拓墾者、挑夫，都帶著從海線而來的海產、食鹽等等進入埔里交換山產，而埔里的居民同時也是如此。兩地交流頻繁，草屯剛好位於兩地的中間點，許多人選擇在此落腳休息，並換棄走破的舊草鞋，日積月累之下，舊草鞋成墩，原本沒有名字的草屯因此得名「草鞋墩」。後期，「墩」改為「屯」，台中大屯、西屯也是因此而來。每日往來的人多了，錢潮就來了。草屯成為中台灣重要的交通樞紐，街區的發展也逐漸成形。後期的郵局、市場、商號、政治、經濟都轉移到了草屯街區扎根，奠定了草屯繁華的基礎。

來到中山街與和平街交叉口的草屯老街，「滄浪診所」洗石子外牆上的浮雕與山牆上的巴洛克樣式仍活躍著過去的記憶。街上曾有著整齊劃一的街屋，更有糖廠鐵道經過，共同組成熱鬧與繁華。不過，成排的日式街屋，有的於 921 地震坍塌，有的則是被居民改建，隨著建築現代化，整條街不受拘束自由自在的發展中，樣貌與我們印象中的「老街」不同，碩果僅存的老街屋，仍然在招牌林立的夾縫中求生存。街區也因腹地狹小、發展飽和，商業都移轉到了草屯中正路上，被新街取代了，過去的「新街」，成了現在的「舊街」。

草屯中的玉峰街是資歷最「老」的老街。由於過去並沒有在此實施街道改正，才讓整條街窄小如巷弄，卻因此保留下了清代的街廓氛圍。走一回草屯，老街的形貌不如我預期的那樣，卻也在這座猶如迷宮的草屯城市中，找到了許多仍然保留著古早美好的角落。

榕樹下扣仔嗲 ｜ 樹蔭下的銅板美食

　　巷口轉角，有株綠意盎然的大老榕，在一片灰白色的水泥建築之間，讓老榕樹的綠顯得特別亮麗。樹下的空地，依然沒閒著，門庭若市的攤販，讓我不禁好奇是在賣些什麼？湊近一瞧，原來是一家名為「榕樹下」、專賣蚵嗲的小吃攤，已經在這棵榕樹下擺攤超過六十年了。專賣只要幾個銅板就能飽餐一頓的小吃，如蚵嗲、肉嗲、炸地瓜等等，也是許多草屯人從小吃到大、著名古早味的小吃攤，美味與人情味持續在老街飄香。

店家地址：南投縣草屯鎮玉峰街 92 號
營業時間：09:00–20:00

田中老街

今日的生活，現正營業中

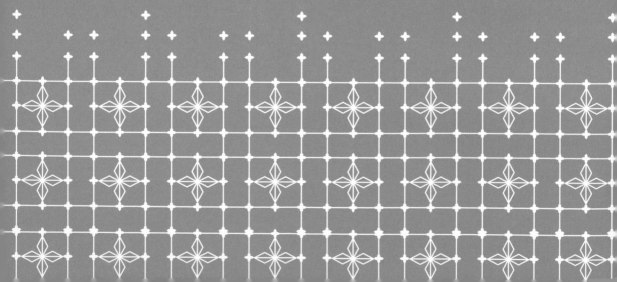

搭著區間車來到了田中車站，站前是一大片廣場。田中老街的入口就在田中車站前的十字路口，老街老建築也都集中在員集路及中州路一帶。繁榮在十九世紀因縱貫線鐵道路網延伸到田中而展開，軌道建設的串聯，帶動起田中的發展。當時彰化地區的糖業發展興盛，許多貨物都透過糖鐵「田林線」運送到田中車站後再轉運到各地，田中車站成為肩負著彰南地區轉運的樞紐。

隨著糖鐵田林線廢除，僅留下田中車站前的那一座木造平房，也就是現在的「田頭水文物館」還靜靜的守候著。隨著高鐵彰化站設立在田中近郊，這塊在彰南地區有著相當地位的「田中央」，即將被帶入新的記憶里程。

七月的暑氣相當逼人，日曬後的柏油路熱氣滾滾，彷彿蒸籠，逼得人汗水直流，使得這一天的旅程走起來，比我想像中還要漫長。但天氣絲毫不影響田中街市的熱鬧，依然高溫沸騰。田中老街過去以乾德宮附近為發展，集中在目前的員集路二段附近，後來隨著車站商圈的發展，轉移到了復興及中州路一帶。目前較完整的街屋，大多集中在員集路二段及中州路一帶，也就是火車站出來前的這個位置。

我走過一個又一個的十字路口，想找間可以吃冰喝涼的店家，坐下來展開放空模式。走著走著卻發現，許多居民仍然在日治時期所建的老屋中過著生活日常。雖然充滿昭和時期的立面紋路、山牆上大大的姓氏與雕飾都已經被許多「亮眼」的招牌擋住了一半，老屋夾在新建大樓之間也顯得有些委屈，可值得慶幸的是，在居民勤奮的使用下，大多還不至於荒廢，依然展現著活力。

有別於其他縣市的老街，田中老街保留下的不是轉型觀光的型態風貌，保留更多的是「生活」。有傳統洗衣店、有很在地的手搖飲料店、有便當店、還有電器專賣店等等，各式商行現正營業中，老屋與新時代的商業氛圍之間保持著相當微妙的關係，是生活風景的大集合。

虎尾老街

雲林人的夢時代

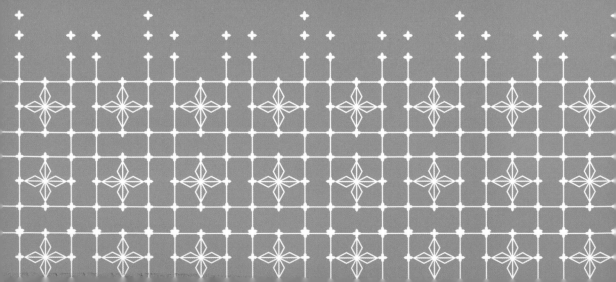

小時候與爺爺奶奶同住在雲林麥寮，每個月總有一兩天會跟著阿嬤搭著老舊的公車，搖搖晃晃的花上四十分鐘到虎尾，展開我最期待的「逛街」行程。

當時虎尾有間「三商百貨」，我們祖孫倆總會從一樓逛到三樓，再從三樓逛回一樓，順道去隔壁吃麥當勞，結束一日的旅程。整棟大樓雖然也只有三層樓，卻是全雲林唯一的百貨公司，當時我最喜歡的就是有著滿滿玩具的「三樓」。但很多雲林人跟我們一樣，都會在這裡耗上半天，卻什麼也都不買，只是想感受雲林「現代化」的過程。

雲林的城鄉發展一直很不均衡，虎尾與斗六一直是雲林最有規模的城市，當時只要想逛街、購物、買東西，都會搭著公車，跑到距離海線最近的虎尾，實現海線居民很嚮往的熱鬧輪廓。某回，阿嬤講著她小時候的故事，過去公路還沒關建、甚至連公車都還沒有的時候，她都是跟阿祖搭乘運糖用的五分車，從麥寮海線一路晃！晃！晃進了虎尾火車站，再轉乘火車往其他城市前進。

「虎尾有火車站？我們家這邊有火車站？」我好奇地追問下去！

「有喔！就在糖廠旁邊！」

日治時代，日本人在雲林關建了許多建設，當時從斗南車站分歧出一條「虎尾線」，並設立了一座虎尾火車站，主要功能是運送虎尾糖廠的貨物用途。過去雲林海線確實有著如阿嬤口中說的「鐵道」經過，這全是從虎尾糖廠分歧而出的「糖鐵支線」，密集的程度猶如樹葉的脈絡，深入到各個偏遠村落去，其中一條就經過我們麥寮鄉橋頭。由於當時交通真的不方便，專門用來運甘蔗的五分車除了運送甘蔗、也兼辦客運，海線居民只要花個幾毛錢，就能搭著露天的糖鐵五分車前去虎尾，並在虎尾火車站轉乘「火車」去斗南火車站，成為銜接南來北往的台鐵縱貫線。

是糖業串聯虎尾與周邊鄉鎮的感情，加上空軍基地設立，大量軍人消費，促使虎尾發展成為雲林第二大城市。緊鄰虎尾車站的中山路、福民路、和平路成為了虎尾的核心地帶，最興盛的時候甚至有三家電影院競爭著。而現在，走進這三條擁有百年歷史的街道，不難發現此處有著虎尾在各個時期發展的軌跡。

　　緊鄰台西客運的福民老街，是我小時候與阿嬤來虎尾逛街的入口。麥當勞旁邊的大樓，過去就是三商百貨，但如今，回憶已經只能是回憶了。走進福民老街，這條日治時代就存在的老街，是過去新興的街區，和中山路一帶的舊市街區互別苗頭，形成對比。街屋立面表現出了當時城市發展的格局與調性，但現在隨著商圈轉移，後期糖業沒落、空軍基地撤離，虎尾瞬間蕭條許多，只剩下許多老店舖在老顧客支持下還堅持著。除了柏油路面翻修成人行道外，店舖的光景與我小時候的印象沒有太多改變。

　　不過，虎尾擁有雲林人般的草根性，積極轉型，把市區中的老建築加以活化利用。如雲林故事館、合同廳舍、雲林布袋戲館、虎尾登記所等等，挹注新的元素進去，發展文化觀光。加上高鐵虎尾站的設立，未來只要人潮回來了，就有新的發展機會，讓虎尾小鎮繁華的齒輪，在新的時代繼續轉動。

虎尾過去有著「小台北」的別稱。走進虎尾市區，各式各樣的街屋筆直排開，
老屋像是夾心餅，夾在了新穎的建築之間。

虎尾車站 ｜ 原來有這站？

　　虎尾糖廠於 1909 年開工製糖，啟動了虎尾發展的按鈕，隔年糖業的產量隨即來到全台之冠。後期製糖產業沒落，目前全台還有在生產的僅剩下虎尾糖廠與善化糖廠，於每年十二月至隔年三月期間，還可以看到載滿甘蔗的五分車，沿著糖業鐵道緩緩駛入糖廠的可愛畫面。

糖廠旁的虎尾車站，是虎尾當時的轉運樞紐，許多海線居民搭乘客貨兩用的五分車來到虎尾，接續在虎尾車站進行轉乘前往斗南。

虎尾車站整修成為商舖，內部完整保留當時的建築模樣，如售票窗口、時刻表都完整呈現，讓許多雲林的老居民來此，可找回當時的回憶。

虎尾鐵橋 | 老鐵橋成了網美橋

　　虎尾鐵橋橫跨了虎尾溪，由三段高度不同的鋼構橋交互連結而成。鐵橋擁有超過百年的歷史，雖然前些日子因颱風造成溪水暴漲而沖垮橋面，不過現在已經整修完成，並改造成景觀步道，枕木之間的縫隙也都使用鐵網加蓋，旅客可以放心地在鐵橋上散步，在上頭眺望虎尾溪的美麗風光。近年更吸引了許多熱愛拍照的年輕人在橋上取景打卡，是虎尾地區熱門的網美景點。

埔姜崙老街

口袋清單、記憶麵攤

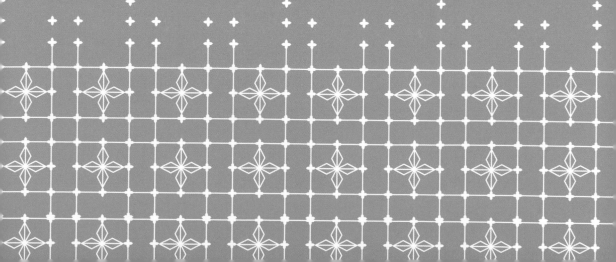

褒忠舊名「埔姜崙」。埔姜是一種學名「黃荊」的樹，是一種可以在惡地生長、非常耐旱的灌木，通常生長在海邊居多，而褒忠因附近的沙崙長滿了埔姜樹，因而得名。後來因當地不斷發生賊匪的攻防戰，在清廷派軍來台平亂後賜莊名「褒忠」，意指「褒獎忠義」。

褒忠鄉是傳統民俗技藝「花鼓陣」的發源地，更是雲林面積最小、人口最少的城市。這裡就像是在地圖上最被容易忽略的小角落，多麼不起眼，卻是有著我滿滿回憶的地方。

小時候跟阿嬤住在雲林，褒忠鄉著名的「馬鳴山鎮安宮」宛如我們家後花園，只要有空就會要阿嬤騎著摩托車，帶我和妹妹去馬鳴山玩，廟裡的「宮園」充滿了我們的笑聲。夕陽西下的傍晚，阿嬤會再帶我們到埔姜崙老街裡尋覓美食，吃個小吃再回家，褒忠有著我與家人滿滿的回憶。

長大後，再次走進埔姜崙街道。埔姜崙老街自古就是當地的交通要道，附近元長、馬光、東勢村落中的商人都會到褒忠做生意，創造了平原鄉村中難得的熱鬧氣氛，更是褒忠鄉最熱鬧的一條街。不過，後來中部地區發生嚴重的大地震，街屋傾倒、損毀，在日據時代進行街區改正，逐漸形成現在眼前的「埔姜崙街道」。

兩層樓的街屋，像是拉鍊拉開了我的記憶。平行線般的街道一路延伸到老街中的市場，午後的陽光熱辣的落在老屋立面上，投射出了一道光影在牆面上移動著，拉出了時光的足跡。一個甲子晃眼過去，新式的樓宅參差其中，紛亂的電線像是一道時代的防線，遮蓋了大多街屋天空。而那洗石子的房屋立面，曾經是多麼光亮，如今卻是爬滿了青苔。老街中的房屋立面沒有華麗的巴洛克風格，卻有著特殊造型的陽台欄杆，著上色彩樸實座落在街道兩旁，呈現出低調的美。亭仔腳的設計也拉近了居民的距離，這裡曾是商家貿易協商的舞台、是鄰居感情的聯絡站。孩子的歡笑聲，似乎還在騎樓下迴盪著，堆積起褒忠情感的厚度。

我從記憶的片段中找著小時候常跟阿嬤一起吃的那間麵攤，走了一回又一回，還是找

尋不著。問了問坐在亭仔腳挑著蒜頭的阿婆，她笑著說：「那個麵攤的阿婆回去了，店也就收了。」

「回去？是回去哪裡？」我一臉疑惑的追問。

「以後我們都會去的那個地方。」阿婆帶著慈祥的笑容這樣說著。

那一瞬間，我懂了。美好的回憶，將永遠收藏於我的心中。

台西夢幻沙灘 ｜ 暮色中的粉紅泡泡

◇◇

　　小時候住在雲林，沒什麼娛樂活動，只要鄰居通報說哪裡有什麼可以抓，我們家隔天就會整裝出發，而夢幻沙灘就是我們很常去的一個地方。

　　其實捕撈那些海產對我們家來說，不是為了要去市場販賣或是賺錢，打撈回來後通常都是分享給鄰居，對於當時的我們來說，這一種生活上的消遣活動、也是一種與鄰居串聯感情的機會。一個月總有數天，我會和家人一起去出海口摸蛤、抓螃蟹。即使現在我已搬到城市中生活，但住在老家的爺爺、奶奶還是保持著這樣的傳統。所以，雲林潮間帶與我的童年回憶可說是形影不離的。

台西鄉出海口日日面對璀璨的夕陽，尤其是空氣較乾燥的冬天，太陽總是又紅又濃的染紅了天際。

　　這片位於台西的夢幻沙灘，是才寮大排水溝沖積的一塊新生地。一公里多的細緻沙灘蘊藏著許多貝類與螃蟹，也是我們小時候常去的地方。午後我們總在這片潮間帶玩水、抓螃蟹，總是玩到夕陽西下，天空有了淡淡的薄暮後才甘願回家。淺淺的潮間帶退潮後，也會出現許多令人出乎意料的「海味」。當然，很快地牠們就會變成我們家當晚的「佳餚」。

　　小時候獨享的這片美景，現在隨著網路的傳播，成了網路上著名的景點，還被取名為「夢幻沙灘」，這也是我們當地人始料未及的。不過也很開心，小時候的玩樂之地、故鄉之美，總算有人看見並且把它介紹出來了。

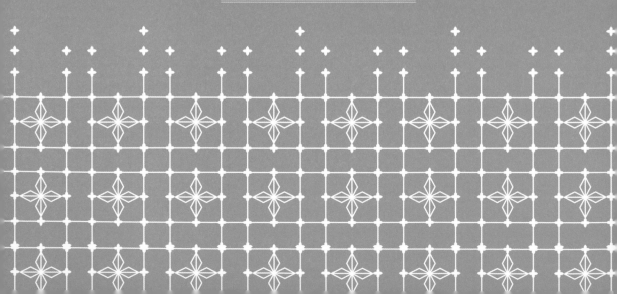

西螺老街

遇見日光封存的醍醐味

在台灣，「醬油」與我們的飲食密不可分。西螺是醬油著名的產地，這座小鎮就像是一甕醬油，封存甘味、吸收日照、慢慢熟成，誕出一滴滴濃厚的醍醐味。

午後，坐在西螺大橋的河堤邊，望著那風箏飛在蔚藍的天空上，越過了紅色的西螺大橋，眼前靜好的風景，是雲林獨有的悠閒。在西螺大橋尚未誕生之前，眼前河岸曾經是連結彰化與雲林兩岸居民的渡口。當雨水在中央山脈氣勢滂沱聚集，拉開了一條水線，蜿蜒到了出海口，拖曳出一片沙洲與平原，成就下游城鎮成為台灣的穀倉，河岸兩旁的城鎮也因而發展出各式產業、文化與故事。是濁水溪打開了西螺水路貨運的通道，讓大量的農產品及南北雜貨集中在此轉運，商貿的基礎就此奠定，促使西螺快速發展，成為雲林開發的先驅。但時間過得好快，那輕舟滿靠岸邊的場景，也隨著壯闊的西螺大橋建成後，不在了。

傍晚的巷弄，天上的星星亮了，西螺街道建築的立面也被路燈染得亮晃晃的。穿過延平路、大同路、中興路，串起時光的十字路口，晚風撫來一陣滷肉的香氣，是哪家小廚房的私房菜又上桌了？星羅棋布巴洛克式建築像是模型玩具般排排站，在「市街改正計畫」中誕生的屋宅，距今屹立超過一甲子，中藥舖、老旅社、醬油舖、茶行，各司其職組成西螺的繁榮。雪白的女兒牆，常春藤捲滿了綠意，越過寫著姓氏的山牆。眼前的老屋子與斗六太平老街的建築誕生於同一時期，雖然現今的西螺老街已不比過去熱鬧，但只要敞開門窗過日子，就要在新時代中繼續傳遞西螺的風土，盡力保存過去美好的生活韻味，西螺老街在傍晚的時候，特別有味道。

走在歷史街區中，欣賞每一間街屋的立面、猜測那圖騰與線條勾勒出了什麼，是逛西螺老街最有趣的事情。

目前西螺老街中統計約有 142 棟歷史建築。

丸莊醬油 ｜ 180 天後的甘醇開箱

醬油是西螺農業飽和後所衍生出的農產加工業。來到西螺，會發現到處都有專門販售醬油的店舖，全盛時期有三十多家同步經營。目前仍有十多家在經營，最為著名的有「瑞春」、「丸莊」、「大同」等幾家大廠負責，有規模的把西螺醬油的醇香透過各地門市展售而出，讓醬油走進華人生活圈裡，更是華人日常中不可或缺的單品。許多夜市的小吃攤，用的也是西螺的醬油。丸莊與瑞春更轉型成觀光工廠，開放讓旅客參觀，並且付費體驗「自己的醬油自己釀」，透過自己製作醬油的方式，讓更多人知道，每一滴醬油，都是這麼得來不易。

走進觀光工廠，深刻了解西螺生產的醬油。一甕又一甕的陶甕在廣場上一字排開，它們都在接受陽光的洗禮、濕度的調節，等著 180 天後的甘醇開箱。

釀造醬油的條件非常多，得配合水質、溫度及濕度，而西螺三項條件皆有，加上日光充足，非常適合釀造醬油，促使一甕甕醬油完美誕生。技術已經有百年以上的歷史，成就西螺為醬油小鎮的封號。

西螺的醬油又分為好幾種，一般以製作的原料來區分。黃豆製作的通常稱為「醬油」；由黑豆依循傳統蔭釀手法製作出的叫做「蔭油」；依照古法以陶缸製作的又稱「壺底油」。不同原料、不同手法、不同氣候所產出來的醬油，風味都截然不同。

「丸莊醬油」是西螺最悠久的醬油工廠。位於西螺東市場旁的店舖轉型為觀光工廠，讓旅客能夠透過看板、導覽及體驗的方式，了解醬油的釀造文化，也是台灣首座「醬油博物館」。

場館地址：雲林縣西螺鎮延平路 25 號
營業時間：08:00–20:30
官方網站：http://www.wuanchuang.com
預約電話：05-586-3666

西螺大橋 ｜ 暮色中的歷史承載

　　紅色一直是西螺大橋的標準色，它火辣辣的跨越了台灣最長的濁水溪，用鋼骨撐起了兩岸的聯繫與繁華。濁水溪是彰化與雲林的自然分界線，過去兩岸居民往來皆靠著輕舟橫跨湍急河水，不僅受限於天氣影響，也相當危險。因此，西螺大橋的興建勢在必行。興建過程也幾經波折，在西螺大橋好不容易完成橋墩後，發生珍珠港戰事，用來興建橋樑的鋼材被當時統治的日本人挪去興建海南島碼頭，造成大橋的興建計畫停擺。直到戰後美國提供援助，順利購買到了鋼材，西螺大橋才在 1953 年順利完工。

　　完工當時的西螺大橋，可說是台灣的驕傲，全長共 1939 公尺，以 31 個鋼骨圓弧拱構成，是僅次於舊金山金門大橋的世界第二大鋼構橋樑。當時發行的十元鈔票上還印有西螺大橋身影，也是唯一出現在鈔票上的橋樑，非常風光。橋樑主要通行汽車外，也鋪設窄軌鐵道，提供運糖的五分車運送甘蔗，是台灣首度出現鐵公路共構設計的橋樑。但現今糖鐵已經拆除，僅留下汽車通行。

每年九月底，「西螺大橋文化節」是西螺的盛事，讓更多人一同見證西螺大橋最輝煌的過往。

太平老街

三個時空、一條大街

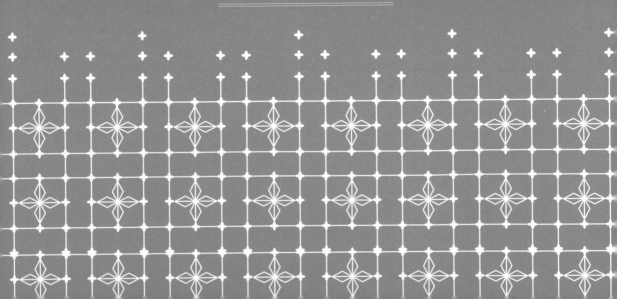

　斗六是雲林唯一的市，也是雲林最大的城市。繁華程度雖然比不上鄰近的嘉義，卻有著一條充滿特色的「太平老街」。自從離開了雲林到北部生活，回老家一趟都要花好多時間。高鐵還沒興建的年代，要回雲林老家最快的方式就是搭著火車到斗六火車站，再轉乘公車，繞來繞去各個村子約一個半小時，才能回到家，當時只覺得回家的路好遠、好遠。只要沒算準火車轉乘的時間，錯過公車就得花上好幾個小時等下一班車。等車的當下為了打發時間，就會沿著斗六市區散步，看看斗六的熱鬧風光。

　距離斗六火車站五分鐘腳程的太平老街，午後的陽光穿過了雲層，落在窗櫺上。一叢盛開的九重葛越過雨庇，開出斗六甜蜜的豔麗。太平老街以斗六圓環為起點線性延伸，這條老街命運線多舛，在抗日過程中多處街屋歷經焚毀，後期又發生大地震，街屋的建築傾倒無數，一路上，它都撐過來了。

長約 600 公尺的太平老街，共有 80 多棟建築，多為巴洛克式風格，分別寫下了三個不同時代的故事。

　　現在的太平老街，街上的屋子分別誕生於三個不同時期，分別是日治時代的明治、大正、昭和時期。80 多棟的建築以磚造為主，像是多胞胎，以共同壁相連，卻還是有著屬於自己的形貌與性格，部分兩層樓的建築更有「亭仔腳」的設計，堆疊起斗六近百年的歷史，是雲林縣最早開發的地區。走進街內，看不見觀光老街常見的路邊攤及伴手禮店，多為留存至今的百年老店。如長生堂中藥房、長生堂診所等等，而新生印務局則是沿用過去的名字，繼續營業中。

　　因缺乏妥善規劃，過去太平老街被居民改建，並掛上了格格不入的招牌。不過隨著斗六實施歷史街區再造計畫，將老街商店的招牌統一，也配合圓環的重建，重新規劃道路的配置，興建特色路燈，人行專用道等等，試圖把太平老街打造成特色老街，延伸到雲中街生活聚落及行啟紀念館，發展觀光與休閒，街的故事就像是山牆上鑄著的圖樣，都未完待續。

原來雲林可以採草莓？ | 來去林內採草莓吧！

　　說到過年前後要出遊，就會想到要去「採草莓」。提起採草莓，在台灣，大湖是著名的草莓聖地，但其實台南善化、南投國姓等地都有種植草莓，卻很少人知道。

　　雲林的林內鄉也有很多草莓園開放採果。雲林的氣候涼爽，日夜溫差大也少下雨，適合草莓生長，草莓長得鮮紅透亮，品質不輸給苗栗大湖。林內鄉的「林北村」草莓園區，是雲林地區種植最多草莓的地方，每年十二月下旬至三月中旬是林內鄉草莓開始進入產季的時候，一月初是第一期花果實，農曆年前為第二、三期果實盛產。如要去採草莓，可先上「林內鄉公所」的官方網站了解林內的草莓園分布地點。草莓園大多分佈在省道台三線林內鄉兩側，其中以「林北村」地區的草莓園發展最為密集，大約有三十多戶草莓農園，可以免去到大湖人擠人的煩悶感，更是適合陪著孩子親子同樂的好去處。

石榴車站 ｜ 西部幹線的秘境車站

◇◇◇

　　水泥色的月台延伸到盡頭，一個小小的閘口，沒有人驗票、沒有人收票，一棟木造建築被大樹環抱著，這是雲林的百年車站 ── 石榴車站。

　　石榴車站位於斗六市郊區，是個僅停靠區間車的無人站，更是雲林縣境內少數的車站之一。車站周邊雖然不比都會區中的車站熱鬧，卻是附近居民依賴的交通工具。

　　走進老車站中，這座從日治時期就存在的木造站房，當初是為了開採濁水溪沿岸的石材才建設的信號站，隨著時代不同，轉化成現在的石榴車站。雖然曾經面臨過廢站的危機，車站過去也缺整修，但看起來幾近荒廢的情況現在已經改善。整建與翻修後的石榴車站從早期為藍色的站體，轉變成目前黑色的樣貌，也成為現在鐵道迷喜愛的秘境小站。

北港老街

香火框住的生活圈

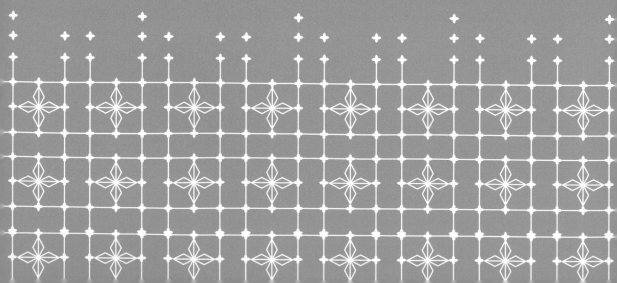

麻油滴在手上，仔細搓揉會越搓越香。就像北港老街，走在充滿信仰的街區裡，各種氣味都迷人得會讓人陶醉。

舊稱「笨港」的北港，因有河口港，進而兌換了一張繁榮的入場券。當時與「鹿港」、「台南」並稱「台灣三大城市」。小時候住在雲林的我，對於「北港」並不陌生，三不五時總是會跟著家人前來這裡拜拜，看著阿嬤將心事擰在手上，希望透過三炷香火傳達到天庭，希望保佑家人與心願順遂。中山路是我們小時候最常拜訪的所在，也就是大家熟悉的「北港老街」。

走在街中，可以直接看見街尾的朝天宮，那壯闊的大脊在藍天下展開雙翅，華麗的屋頂飾滿交趾陶氣勢磅礴，信仰力量圍繞的廟埕廣場，香爐中的一香都是一個希望，連結了天庭，兌換希冀。北港街區的發展源自於港口，但與朝天宮更是密不可分。香火鼎盛的朝天宮，歲月雖在許多香客臉上寫下皺褶，但香客心中的聖地仍然不可動搖，日日都有許多人慕名而來。大量朝聖的人潮促使攤販、店家聚集，並以朝天宮為圓心輻射出去，形成熱鬧的生活圈。本是農業大縣的中部地區，許多前來參拜的農民回程時都會在此購買生活上的日常所需，最特別的是農耕用品的農具、鐮刀、五金等，在北港老街也全可購得，這是台灣眾多老街中，相當特別的景象，以上都成就了我們現在所見的「北港小鎮」。

走在老街，除了香火的氣味，步步還能聞到麻油、蠶豆、花生及大餅等味道。香氣填補了老街的每一寸空間，用氣味給旅人一記下馬威，用味道告訴著往來的遊客，這就是「北港四寶」。而我最喜歡的還是轉角那家「鴨肉飯」的香氣，每次來都會去朝聖，一口一口的吃下「回鄉的滋味」。

巷弄中會發現更多北港的輪廓。北港過去是好幾個小型聚落集居，後來每個聚落慢慢擴大，並與附近的聚落有了連結，最後整併在一起，形成小巷曲折蜿蜒的風貌。許多長輩悠閒的坐在自家門口談天，不時還會與路過的你，用台語熱情的打招呼，寒暄上幾句。

北港老街相較於我們印象中的觀光老街，並沒有太多外來的商店進駐，大量保存最在地的街景與生活面貌。二十多年來，城市規劃下誕生了一座女兒橋、成立了北港遊客中心，只做了基本的建設來迎接遊客，老街仍然不受太多「商業化」的污染，整排商舖從燈籠店、麻油廠、傳統大餅、鴨肉飯、圓仔湯，都封存著「北港的原味」，店家們選擇在這一個時代中繼續「做好簡單而美好的自己」。

北港中山路老街兩旁建築多為「昭和型」建築、巴洛克式建築，有將近三十個店家立面仍然保留當時台灣建築界最流行的巴洛克立面裝飾。圖為北港老街中的振興戲院。

北港老街各式餅舖現場製餅，造就老街香味四溢。

溪口老街

居民主導故事的原味老街

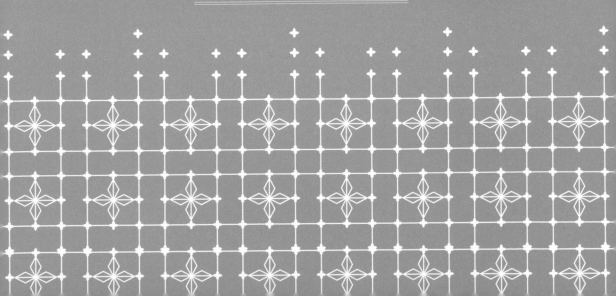

　　午後的溪口中正路，約五米寬的街道，太陽持續灑落。路口顧著水果攤的阿公打了個盹，夢裡的泡泡一顆一顆冒出，麻雀成群在屋頂上吱吱喳喳。

　　嘉義縣溪口鄉舊稱「雙溪口」，有草繩的故鄉之稱。1920 年日治政府實施街區改正，將「雙溪口區」改為「溪口庄」，並沿用至今。因三疊溪、華興溪兩溪流在此匯流，因此得名「溪口」。溪口老街於道光年間開始發展，是台灣少見的平原客家老街，也是嘉南平原唯一的客家街市，居民至少一半以上都是客籍後裔。雖然溪口鄉近年力推客家文化，想把溪口與客家庄劃上等號，但實際上當地居民在漢化後也很少人會講客家話了。

　　溪口老街巷口是最熱鬧的地方，有許多店家聚集。「等等我！等等我！」我的視線往聲音來源的街內望去，綁著沖天炮馬尾的小妹妹，追著哥哥的小單車尾端跑；白髮蒼蒼的阿婆，坐在木造結構的廊道下，露出慵懶的眼神，看著他們純真的童年。

　　溪口老街中的老屋都是清朝時代就留下來的建築，有掛上商號門牌的街屋、有的大門深鎖、有的屋容頹圮，有居民進駐在屋中生活的街屋，則保存得比較良好。現在仍看得見五金行、雜貨店、電器行、中藥行、腳踏車店、理髮院等等營業中，特別的是有間腳踏車行與理髮院比鄰，沒想到還是同一位老闆在經營。整個街區沒有刻意商業化、看不見大幅度的改造，氣氛始終保留著 30、40 年代的原始風貌。

　　我認知中的老街，應該由居民透過生活來維持原始風貌、並由居民來主導故事，讓老街的生命線延續，而不是商販。溪口從來不會是我們外出旅遊的一個章節，但來到這裡，你可以品嚐到從清朝時代就留下的原味老街。

張濟生中藥店 ｜ 走過世紀的百年中藥店

溪口老街中段，這家「張濟生中藥店」的歷史，比整條老街還要悠久。我在藥行外面看著內部的樣貌，跟中藥店內正在看電視的阿嬤問了聲好，或許這樣歷史悠久的店面早已吸引許多過往的旅客駐足拍照，對於我的到來，阿嬤一點都不意外，先是對我淺淺一笑，再呼喊著我：「進來看看！」

這一句進來看看，讓我跌進了時光的漩渦。店內牆面到天花板都染上了一層咖啡色，這是早期煎藥時產生的煙所燻出來的時代印記。地板踏的泥土地，是當時保留下來的樣貌，泥土在人來人往之間早已被踩得踏實，踩不到的角落則是蓋上了一層綠色青苔，成為中藥房的小綠園。我繼續跟阿嬤請教，得知張濟生中藥店有著百年歷史，但實際的年份也無法考究，阿嬤笑著說：「我阿公的那個年代就在做這間店了。」

店內的藥材大多都被收藏在層層堆疊的舖子上，斑駁的藥材盒子外寫著藥材名稱。拉出後鐵盒後，會發現藥材盒是由沙拉油鐵罐所改造設計。

阿嬤繼續拿出一些秘寶給我看，讓我猜猜是什麼。她從舖子上拉出一個小鐵盒，打開鐵盒中塵封已久的塑膠袋，拿出捲成一圈的咖啡色藥材，我猜是草繩，但阿嬤笑著說：「這是一條蛇。」曬乾製成藥材的蛇是早期常見的藥材，要價更是不菲。

阿嬤繼續在斑駁的老木桌上衡量著藥材的劑量，今天的工作要將藥材磨成粉。這張傾斜的老木桌阿嬤說也有百年歷史，歷史更比這間房子還要久了。隨著人口外流回歸寧靜的老街，阿嬤依然繼續守著這間中藥店的溫度。

店家地址：嘉義縣溪口鄉中正路 35 號

客家文化館 ｜ 傳承平原客庄的文化

位於溪口老街尾端的客家文化館前身是溪口衛生所。週末午後來到文化館，館內的服務人員正在教導前來拜訪的旅客打陀螺。推開了文化館的大門，內部讓人還以為走進了誰的辦公室。雖然展館的環境沒有華麗佈置，整體非常簡單，卻是能夠讓旅客透過圖片、文字、模型等等，來簡單認識溪口的客家特色與發展歷史的地方，值得走訪。

店家地址：嘉義縣溪口鄉溪東村中正路 129 號
營業時間：09:00–16:30 ｜星期日、週一公休（如有更動請依官方公告為主）
洽詢電話：05-269-6786

永芳鳥仔餅 ｜ 溪口傳統餅舖

溪口有多家都在賣鳥仔餅的老店，也是溪口當地的特產。在溪口土生土長的朋友凱雯跟我介紹這家位於民生街上、有著六十年歷史的鳥仔餅老店，也是她小時候從小吃到大的愛店。

在早期的社會祭神、節慶等等都得準備牲禮，但當時的社會並非每戶都有錢能夠買魚、肉來祭拜，於是就形塑了許多造型的餅來供奉。後來因為造型的鳥仔餅深受小朋友喜愛，也方便吃素的人食用，進而成為溪口的特色伴手禮。鳥仔餅因店家不同也發展出不同口味，有芋頭及地瓜兩種，味道非常傳統好吃。

店家地址：嘉義縣溪口鄉溪東村民生街 23 號
營業時間：08:00–21:00（如有更動請依官方公告為主）
洽詢電話：05-269-6670

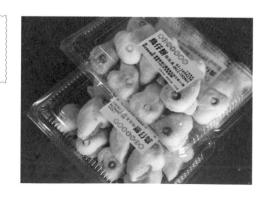

天一酪梨牛乳 ｜ 提袋率最高的現打果汁店

　　現代化的手搖飲店在溪口如雨後春筍般開業，但老一代的溪口人卻都還是喜歡傳統現打果汁的好味道。在溪口中正路與和平街交叉口，這家「天一酪梨牛乳」是溪口「提袋率」最高的飲料店。它在溪口開業將近四十年，與隔壁的水果攤互利共生，用最新鮮的西瓜、酪梨等等新鮮水果，加上牛奶後現打成冰沙或是果汁現賣。特別的是捨棄塑膠杯，依循傳統的塑膠袋裝，插上吸管就可以直接提袋回家喝。

　　酪梨加上牛奶產生的綿密口感、西瓜與牛奶撞擊出的香氣，都是當地居民最喜愛也常光顧的一家店，每個人來都是一袋一袋的大量購買。

店家地址：嘉義縣溪口鄉中正路 1 之 2 號（路邊）
營業時間：不明

神農街

斑駁卻依然美好時光

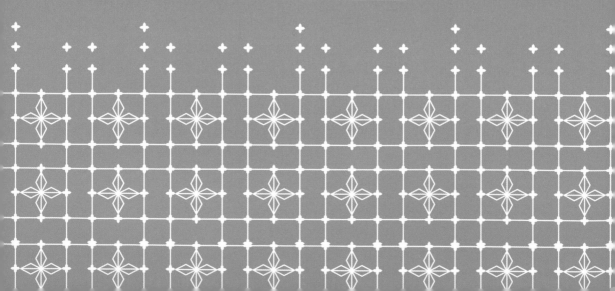

我常跟國外朋友介紹，我們台灣也有一座媲美日本京都的「古都」，就是台南府城。第一次到台南，是大學的時候。當時對於台灣各鄉鎮的分佈還沒那樣熟悉，只能從那些「遠方而來」的同學們口中得知。當時我有一位來自台南的好朋友，她總是盛情邀請我到台南走走，我問她：「台南有什麼？」她笑著說看古蹟不適合我們年輕人，但是小吃很多，而且好吃到讓你「崩潰」。她的確是用「崩潰」浮誇的形容台南的美食。

從小在課本上認識的台南，是台灣發展最早的區域之一。但要從台北下台南一趟，對於還是學生的我們，真的有些難，光是交通與住宿的經費就很難負擔了，種種困難堆疊，也讓我對於台南有了更多的憧憬與幻想。有一回，我們又聊起了台南。

「上次妳說我們年輕人不適合看古蹟，是為什麼？」我問。
「反正就是有看沒有懂吧。但台南有一條街我很喜歡，就是神農街。」
「神農街？」
「這條街最大的特色就是有很多老房子，愛拍照的你一定會很喜歡。」
從那次之後，神農街就成為若有機會去台南，我很想去看看的一條街。大學畢業後，總算到了台南旅行一趟。當時就把神農街排進了清單第一個最想去的行程。

神農街名字的由來，源於街尾的「台南藥王廟」。走進擁有三百年歷史的台南神農街，一字排開的兩層樓木屋，有著各式各樣的歲月痕跡。有的木門上漆上了淡藍色，有的窗花則是爬滿了鏽斑，看著這條街，我有一種「終於到了那些曾經我覺得到不了的地方」的感覺，內心滿是感動。

神農街的繁華，源自於附近曾有「北勢港」及「佛頭港」兩座港口。從三百年前開始，商人就從港口與廈門對渡貿易，進而造就街市繁榮。從清朝開始到日治時期，神農街都是非常繁華的風貌。但好景不常，隨著港口淤積，商船無法再透過河道與對岸進行對渡，繁榮就此畫上了休止符。

　　好在因為老街的屋子產權複雜，才沒有被大規模剷除與改造。現在看到的老房子都是以前流傳至今，中間也不斷翻修整理，才能夠完好的在我們面前呈現，是台南地區中保存尚好的老街之一。

　　近年台南許多街區也積極轉型，現今的神農街，百公尺長的街道中進駐了許多充滿個性的商舖。有的販售藝術家製作的手工藝術品，有的則是販售懷舊小食，加上附近海安路的「藝術造景」，許多年輕人開始走進老街，從打卡拍照到最後深入了解這裡的故事，重新轉動神農街的繁華齒輪。

普濟殿燈會 ｜ 燈籠搖曳的暖時光

台南近年舉辦了很多知名的活動，例如鹽水蜂炮、月津港燈節、正統鹿耳門聖母廟的高空煙火競演等等，讓元宵節前後的台南，充滿了故事與特色。我很喜歡看燈光裝飾的造景，不同的光線造景總有不同的心境產生。

在台灣，春節期間不論是天上飛的天燈或是手提的燈籠，都是象徵東方人過節的經典代表。位於台南中西區的「普濟殿」，2014 年舉行了「創意彩繪花燈比賽」，爾後的每一年春節，都會在廟埕及周邊街道高掛燈籠，利用上千顆圓滾滾的燈籠組成一片「燈籠隧道」，以溫暖的燈光，點燃一年的開始。這也成為全台灣春節十大必看燈會之一，許多遊客慕名前來，感受這一片溫暖的燈海。

普濟殿是台灣最早的王爺廟，更是當地人的信仰中心。如果遇到一些科學上無法解釋的現象或是困擾，當地人就會前來求祂庇佑，以得心安。但過去祂的知名度在外縣市人記憶裡並不是那麼高，隨著年年舉辦的普濟殿燈會，知名度大開，成為台南春節前後，許多人都會想前來朝聖的一座廟宇。

這座充滿故事的台南府城，每個角落都有著屬於自己的故事。這些燈籠也有著屬於它的故事，而這種故事是其他縣市無法複製過來的，實現了「越在地、越國際」的精神理念。

每一顆燈籠上都有著不同的彩繪。這都是每個小朋友發揮想像力後，一筆一畫用心彩繪出來的。不論是白天或是夜晚，都讓人感受到美好的氣氛與故事。

燈龍海從國華街延伸到普濟殿廣場。普濟殿燈會每日持續到凌晨 12 點熄燈，讓人在這冷冷的夜裡，在暈黃搖晃的燈光中找到了些許溫暖。

新化老街

一等街的輝煌，仍然透亮

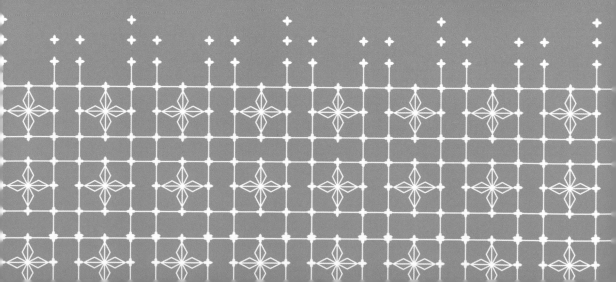

五月是阿勃勒盛開的季節，金黃色的花瓣飛進了新化老街，貼在了老街建築的立面上，替原本素白的雕刻，添上了夏季的新色。走在新化老街，兩種聲音不斷貫耳；左邊是雷公，祂躲在山頭後方的烏雲中，用轟隆隆的巨響宣告自己即將替城市帶來一盆大雨；右邊則是老街的居民，彷彿也不甘示弱，用一串串的炮竹聲大聲回擊，告訴著雷公今日就別用大雨來攪局了，我們敬愛的神明就要來老街遶境了。但雷公依然不賞臉，一個箭步就灑了大水，直接滲透了眼前的一切。

　　雨水來得太急，人群一轟而散，趕緊跑到騎樓下躲雨。身旁的阿婆，牽著小男孩稚嫩的手站在騎樓下躲雨，那無邪的眼神，看著眼前發生的一切笑得開懷。

　　等待雨停的我，沿著這條騎樓所拱起的時光隧道走著。糕餅店、中藥行、服飾店、小吃店、百年布莊、老米店、水果攤等等，生活類型的店家組織起眼前的這條老街。新化舊名「大目降」，現在是南橫公路的起點，過去是平地到山上的中繼站，連結左鎮、南化、玉井、善化、新市地區，是台南山線鄉鎮的轉運中心。因地理位置的優勢，人潮、金流讓新化越來越熱鬧，繁榮也從中正路與中山路兩條路慢慢拓展開來。許多富有的人家紛紛在這兩條路上闢建了豪宅與商號，聘請來了匠師，興築了當時最流行的巴洛克風格，在建築的立面上展現自家的品味與富裕程度，也讓在這場大雨中漫步的我，從建築的樣式就能解讀出這條街過去的「與眾不同」。

　　近年古蹟保存意識的抬頭，新化老街刻意用復古的招牌統一商圈形象，許多建築都保存著過去繁華時代的完整風貌，不過中山路的老街屋因為道路擴寬工程而拆除，目前僅剩中正路上的老屋保存下來。但還是有一些比較現代化的裝潢突兀地錯落其中，形成相當有趣的對比。

　　雨來得快、去得也快，不一會兒的時間，雲層縫隙已經透出陽光。大水剛洗過華麗的紋飾，紅磚飽滿了水分，濕透的山牆上，成群的燕子再次集結盤旋。小吃店收起了雨棚、水果店的老奶奶又把水果重新拿出來擺飾，菜攤紛紛歸回路邊，再次叫賣著新鮮蔬果。剛剛的雷聲與炮竹聲都已遠去，彷彿剛剛什麼事都沒發生過，居民重新回到了日常步調。日治時期號稱「一等街」的新化老街，輝煌在這場大雨之中，仍然透亮。

新化武德殿

在新化老街尾端，有一座武德殿。武德殿是推廣武道中的「劍道、柔道與弓道」，是日本人的核心價值。在日據時期，台灣各地也廣設武德殿，為軍警練武、練劍道之場所，昭和時期為台灣武德殿興築的極盛期。

目前新化武德殿整理出空間供遊客進入參觀，並以展覽、文字、圖片的方式介紹，讓民眾了解新化武德殿的歷史。現在台灣留下來的武德殿有些變成公共場所、有些廢棄，完整保留的已經不多了。

虎頭埤阿勃勒花季 ｜ 沐浴季節限定的金色雨

　　虎頭埤周邊因種植大量阿勃勒，每年六月隨著阿勃勒盛開，這裡都會舉辦相關活動，這時是來虎頭埤踏青的最佳季節。

　　又稱為黃金雨的阿勃勒，原產地在印度南部及東南亞區域，更是印度傳統藥用植物。在 17 世紀時由荷蘭人引入台灣，現在各地當成行道樹廣泛種植，每年五月至七月是開花的季節。阿勃勒開花時會以成串下垂、像是葡萄一串為最大特色。每當微風吹撫，細小的金黃色花瓣就會在空中旋轉飛舞，在藍天襯托下更加動人，花語為「金色之戀」。

麻豆老街

失了光澤的一公里時代

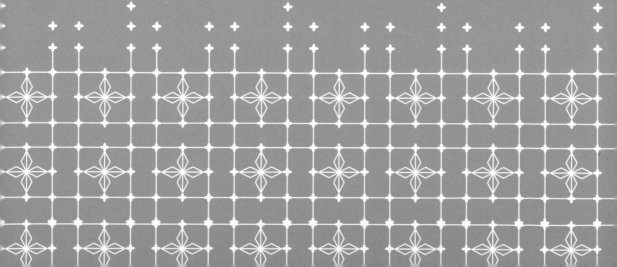

．

台南每個行政區都有獨特的產業與文化特色，像是說到麻豆，我就會先想到「麻豆文旦」。但很少人知道，麻豆有一條全台灣第二長的「麻豆老街」；雖不像台灣其他老街有的求生存推動觀光發展、有的則是沒落頹圮，麻豆老街則是選擇以最舒適的姿態，在這個時代與麻豆人繼續共生共榮。

為平埔族聚落的麻豆，街市於 1920 年開始發展。街屋的樣式採用日治時期所流行的巴洛克建築與昭和時期的現代樣式建築居多，由中山路展開延伸到興中路，全長約一公里，是台灣第二長的老街。因有「倒風內海（潟湖）」的港口先天條件，加上古曾文溪「水崛頭」與「後牛稠」上的兩個河港，船隻可透過船運帶進五穀、糖、菁等貨品到此商業貿易，明清時期的麻豆可說是非常繁榮。隨著麻豆港淤積陸化，港口現在已經完全消失，而鎮上的「倒風內海故事館」則是詳述記載著這段過去。

現在這一公里之中，多半已經被新時代的水泥大樓取而代之，但不難發現還是有些老屋在夾縫中求生存，最具代表性的包括「電姬戲院」、「日新家具」、「永發商行」、「成記行」、「龍光乾洗店」、「振興家具行」等等，而我最喜歡的是老診所「回生齒科」所散發出的氛圍。

老街保存最精華的地段集中在中山路與三民路、中正路交會的中間這一帶，屋子都有著超過八十年的歷史。隨著時代發展，許多老屋大多都被灌入了新靈魂，有的則是被店家所設立的招牌給視覺霸凌，成為新舊融合的商舖。但不難看見當時在建築上所雕作的裝飾輪廓，遊客也只能從失了光澤的輪廓上，找回當時的麻豆風華。

麻豆老街新舊交雜，街屋大多被招牌所掩蓋住，就好像美女穿了一個不適合自己
年紀的衣服，怎麼看都略顯得突兀，真是有點可惜。

充滿現代感的嬰兒用品店設置老房子中，不難看出店家有花心思在照料建築外觀，
讓人感到非常欣慰。

電姬戲院 ｜ 風化的歲月

　　「電」指的是電影，「姬」在日本中有著公主的意思，四個字用三個框圈起來，也框住了老麻豆人對戲院的記憶。他們口中的「電姬館」，是麻豆歷史的見證人。建於 1937 年的電姬戲院，由日本建築師所設計，以洗石子與鋼骨為結構，搭配日式圖騰與幾何線條，現代主義的外觀存在於麻豆老街上，在當時是非常奪目的建築。

　　戲院入口旁有七個石獅浮雕，有著戲院每週七天都營業的隱藏涵義。館內當時除了放映電影之外，也曾上演過布袋戲與歌仔戲等戲劇節目演出，是麻豆人娛樂的去處。後來電影業不景氣，戲院歇業後就缺乏維護整理，荒廢在這熱鬧的大街之中。所幸戲院的外觀及內部都仍然完好，只期待有朝一日政府單位能夠好好整理這裡，讓電姬戲院能夠以新的姿態再度重生。

菁寮老街

來坐喔！人情味滿溢的時光長廊

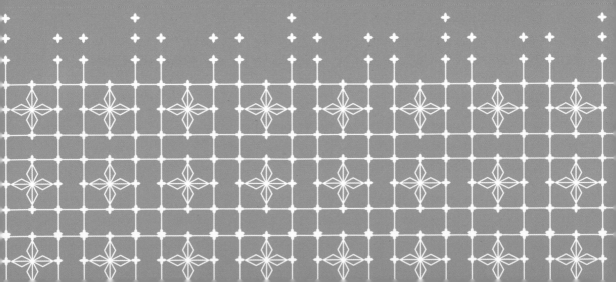

午後的後壁車站站前廣場空無一人，車站旁唯一的腳踏車出租店又適逢公休，原訂要騎腳踏車進菁寮的計劃因此泡了湯。詢問了坐在騎樓下的居民，得到了前往菁寮的黃支線公車情報，但當地人笑著說：「這條公車路線平日的班次很少，可能會很不方便。」我的不知所措，完整地寫在了臉上。只好轉向詢問那停在車站前的小黃，成了我最後的希望。

從車站出發，跳錶計費大約 150 元左右，價格還算合理，況且也沒別的辦法，只好上車了。從上車那刻開始，司機大哥就很熱心地跟我介紹著菁寮的故事與景點，短短十五分鐘路程，我深深感受到了鄉下人熱愛分享的樂天個性。司機大哥建議第一次到菁寮的我一定要去天主堂看看，從這裡出發沿著道路慢慢散步到街上，是司機大哥力推的「菁寮私房散策路線」。他說，菁寮所散發的濃厚鄉村風情，肯定會讓我每一秒快門都按個不停。

木造的立面外觀，上頭掛著斑駁的商號，這條時光味道最重的「北勢街」是過去最熱鬧的商店街所在。而今的街道，長長的屋廊下停著脫鏈的腳踏車；亭仔腳磚柱上頭掛著一袋袋佈滿灰塵的茄芷袋；幽暗的屋內老時鐘凝結在一刻。時光好像暫停一般，菁寮從裡到外都保留著台灣 50 年代的農家風貌，走過一圈，盡是居民生活的痕跡。

由菁寮里、墨林里、後廍里等三個里共同組成的菁寮，地理位置位處台南及嘉義之間。早期後壁、鹿草等地都以菁寮為中心向外擴散分居，是過往商人、旅人的中途驛站。優越的地理位置，加上商業蓬勃及集居生活發展出各式產業，進而促成菁寮的過往繁華，也是八掌溪沿線聚落中最繁華的一個。從清朝開始即是藍染重鎮，當地以栽種染料作物「小菁」與發展染織為主；小菁的閩南語稱之為「菁仔」，菁仔寮之名也就因此而來。南 82 與南 85 縣道串聯交叉的十字路口處是菁寮最熱鬧的地帶，匯集了傳統市場、店舖、小吃店、農會、便利商店等等，也是生活文化展現最多的地方。

站在十字路口，左前方是擺滿漁貨販售的小販、右後方是賣著繽紛水果的小攤，斜對面則是賣著花布棉被枕的商號，左後方是返鄉賣餅的農村青年。不同時代轉折展現出的生活平台，從這十字路口望去，展露無遺。過去菁寮的生活機能就發展得非常完整，村內有棉被店、腳踏車修繕店、茶屋、冰店、理髮院、西服、糕餅店、布店等等，附近居民如要辦嫁妝都會前來菁寮採購辦理，也讓菁寮有了「嫁妝街」的美名。但隨著公路、鐵路的設立，菁寮來往的人潮逐漸稀少，讓這走過一甲子的菁寮老街逐漸式微。直到紀錄片「無米樂」在菁寮取景，讓菁寮的故事傳遞出去，這座逐漸沒落的農村，也有了與時代接軌的機會。

「來坐喔！」這是走在菁寮老街最常聽到的一句話。古早味與人情味交織的菁寮老街，居民善良而純真，喜歡用親切的閩南語，招呼八方旅客來自家坐坐。居民在衰退中堅守著過往生活的記憶，在時代的變遷中找到新的平衡點，在傳統與現代之間找到了新的舞台，發展成為台灣農村的典範。台南人的熱情，在這裡展露無遺。

菁寮老街指的就是北勢街，曾經是 40、50 年代最熱鬧的商店街。

街上最特別的建築就屬後壁區農會了。菁寮在日治時期進行市街改正，街面的建築改建成商用街屋，也成了我們現在看到的菁寮老街。

歲月劃上一抹深刻的紋路，如同這裡的老居民，時光在面容下所留的軌跡，多麼深刻。

菁寮國小校區內充滿著許多日治時期的老建築，都象徵著它曾經是後壁規模最大的學校。校園內有著木造的舊辦公室，刷上藍色外觀的中正堂，讓校園充滿著老時光韻味。

和興冰果部　｜　都市中吃不到的傳統冰品

　　菁寮老街入口處的這家和興冰果部傳承七十多年來的老味道，尤其「芭蕉冰」是都市相當少見、也是農村相當經典的消暑聖品。店內環境以蒂芬尼藍木製桌椅陳設，特別的是製冰區用了一個圓形拱門區隔開，門外則是用相當傳統可愛的屏風遮著內部用餐的客人，讓人彷彿置身在老電影中吃冰的場景。

　　我找了個位置入座，點了一杯冬瓜茶與芭蕉冰，老闆娘問我：「芭蕉冰要放進去冬瓜茶裡面嗎？」瞬間覺得自己被問倒，自己好像變成了都市俗。老闆娘見著我的疑惑，趕緊解釋：「這是傳統農村的一種吃法唷！但也可以分開點。」後來我選擇分開點兩種單品，老闆娘送冰來時，也遞上了一盒梅子粉，可將芭蕉冰灑上梅子粉吃；如果吃不習慣，也可以將芭蕉冰放到冬瓜茶裡變成冬瓜冰淇淋。不同搭配有不同的風味，我也用舌尖記憶下了這家冰果部。

兩美理髮店　│　原來以前的棉花棒長這樣？

　　早期沒有棉花棒，都是用鵝絨製成的耳扒來清理耳朵。一隻鵝能取的鵝絨非常稀少，但就是這一點點柔軟輕柔的鵝絨用來製作耳扒才不會傷到耳道，日本人叫它「凡天」。年邁的老闆說，這一隻耳扒每次使用後用清水清洗，輕輕撥一下、晾乾即可，保養得宜，用上五年都不成問題。

　　兩美理髮店世代都是以理髮為工作，也製作純手工鵝絨耳扒，是相當罕見的傳統工藝。目前已經傳承至第三代，老闆已經有著四十年的手藝，也是一般機器無法製造的「鄉土記憶」。職人手工製成的鵝絨耳扒，很像是一朵承載記憶與夢想的蒲公英，期待展翅飛翔的一天。

瑞榮鐘錶 ｜ 鐘聲的終生

日本歌手平井堅名曲「古老的大鐘」中文歌詞譯：「好大好高的舊時鐘，是爺爺的時鐘，百年來一直沒停過，令人驕傲的時鐘。」時間它從我們在媽媽懷中成形開始，就用無形的鐘聲，堆積我們的終生。瑞榮鐘錶店面雖然小小的，集結了不同造型、不同時代、不同國家的時鐘，用來回擺盪的滴答聲填滿了每一寸空間。有趣的是，老時鐘在每日十二點就會群起高歌，用來自日本、英國、德國等等各國不同的鐘聲，提醒我們時光的一刻。

菁寮天主堂

◇◇◇

　菁寮天主堂建於 1960 年，替這座純樸的小鄉村增添了一
點國際感。由得過普立茲建築獎得主德國人哥特佛萊德波姆
（Gottfried Boehm）所設計，最大特色是四角尖錐的建築外
觀，在一片綠油油的田野中相當醒目，像是堆積在田野中的
稻草堆，與當地的風景巧妙融為一體，是許多熱愛攝影、看
建築的旅客，到菁寮必然會踩的一個景點。

稻稻來，割稻飯

到農村旅遊，傳統農家風味的割稻飯一定要記得嚐嚐看。這是傳統農村特有的「禮俗」，每當稻子收割人力欠缺之際，村裡的居民都會自發性地互相幫忙，展現出鄉村的互助與人情味。而接受幫忙的那戶農家，就會烹煮一桌佳餚，宴請前來協助幫忙的其他村民，以此稱之為「割稻飯」。

稻稻來閩南語之意就是「慢慢來」，
有時間記得吃一碗割稻飯。

橋南老街

吸收鹹鹹時光的意麵

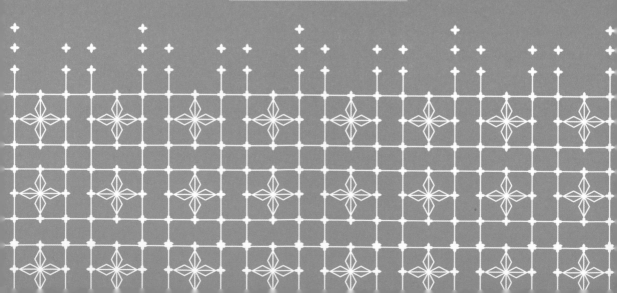

鹽水對於生活在台灣的我們並不陌生，每年元宵時節，台灣從南到北舉辦大大小小的各式熱鬧元宵慶典，其中「北天燈、南蜂炮」最為著名。天燈與蜂炮，則分別代表著「平溪」與「鹽水」。

　　走進了橋南老街，一陣風穿透了月津港的綠水之上，向我撫來，稍稍帶去了一點身上的暑熱感。或許是過了用餐時段，轉角那間意麵老店原本大排長龍的景象已不在，反而是不遠處那家剉冰店卻是人潮絡繹不絕。只不過，意麵的香氣在老街內還是濃郁的散不去，不斷撲鼻而來，香得讓人魂魄都被勾走了一半。

　　我摸著蓋滿青苔的紅磚、踩著瓦石，走到了老街中心。一排老房依然挺立，沒有太多的修築，外牆的漆像是餅乾屑一般落了幾片在地上。唯有那背景衝突的新樓房，好像迫不及待的想告訴著橋南老街，時代正在交替著。

　　鹽水因港內有鹹水而得名，是台灣最為古老的鄉鎮之一。早期鹽水原居住著西拉雅族，後來漢人移民進入，當地多以船隻航行於八掌溪之上。來到鹽水，港邊逐漸形成貨物交易的市集，錢潮伴隨著航運而來，進而成就橋南老街商貿的榮景，成為鹽水最早的街道，更有「一府、二鹿、三艋舺、四月津」的俗諺，來形容鹽水的過往繁華景象。

　　老街中央那間打鐵舖，依然發出鏗鏘有力的聲響，薰黑的杉木外觀讓老店顯得並不起眼，若是駐足欣賞，卻是清楚的浮現了時光的細節。我站在店外，探頭探腦，深怕打擾了正在磨刀的老闆。「泉利號打鐵舖」承襲大陸福州歷代祖先，於鹽水地區世傳百年，以純手工打造的農用刀具而聞名，現今已經傳承至第五代，堪稱鹽水老街的名舖。

　　雖然天氣酷熱，最後還是找了一家麵攤，坐下來點了一碗鹽水意麵。意麵上桌時，我加了一湯匙的醋，「恩！好酸。」這一碗麵，就好像把橋南老街百年如一日的時光，都濃縮在這裡面了。

鹽水八角樓

八角樓為鹽水的「葉家大宅」，在日治時期便已依「史蹟名勝天然紀念物保存法」，以「伏見宮貞愛親王御遺跡」的名義指定為史蹟，也入選為「台南歷史建築十景」與「台灣歷史建築百景的第 7 名」。

葉家大宅坐西朝東；俗稱「樓半」的店面建築，意思是樓高兩層，但第二層高度並不高的建築形式。八角樓的入口意象相當經典雅致，木造的樑柱充滿古色古香。鹽水八角樓一樓為祭祀祖先的花廳，光線從美麗窗花投射進來，讓人情不自禁沉浸在這陶醉的光影中。

月津港燈節 ｜ 台灣最有藝術氣息的燈節

　　每年過年期間至元宵前後，台灣的各縣市除了每年輪流舉辦「台灣燈會」之外，各地縣市政府也會舉辦當地的燈節活動。以前對於鹽水的元宵活動，印象總是停留在「鹽水蜂炮」這個刺激、但是不適合闔家參與的元宵盛事，直到後來「月津港燈節」竄起，便成為我最喜歡的元宵節燈會。

　　2010 年第一次舉辦後，月津港燈節的美名如漣漪般擴散，凡是去過的朋友都是一致好評，紛紛掛保證不會失望。因為月津港燈節和台灣各地的燈會表現方式截然不同，廣邀藝術家參與，依據鹽水的歷史、文化及地景，打造專屬的裝置藝術型花燈，每件作品都充滿寓意與典故，走完一圈燈節，彷彿看了一場當代藝術展，讓人從那些抽象的作品中思考背後的文化與故事，儼然成為南台灣不可或缺的大型燈會。

活動位址：台南市鹽水區月津港、橋南老街周邊區域

旗山老街

紅燈籠串起的年

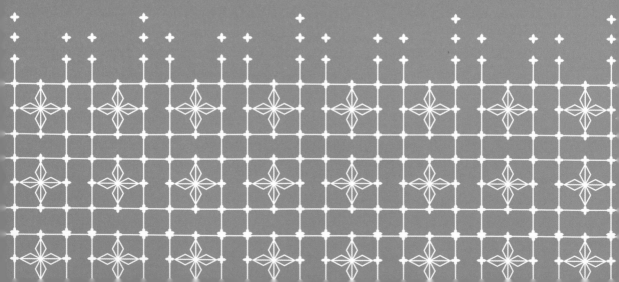

岡山、鳳山與旗山並稱高雄三山，是高雄縣市合併前，「高雄縣徽」的主要識別，三座城市各自有著不同的繁榮面貌。在選舉之時，更有說法：得三山得天下，象徵這三座城市對於高雄縣的重要性。

旗山是高雄山線的門戶，因糖業發展而興榮。在日治時期開闢了「本通」，從旗山車站前筆直延伸，也就是現在最熱鬧的中山路「旗山老街」，許多充滿歷史價值的建築全座落於此。原本緊鄰溪邊發展的「舊街」，商業功能逐漸被本通取代，城市的發展核心開始轉入本通，旗山也正式揚起發展的旗幟。

第一次到旗山，是因為高雄縣市合併後首次舉辦高雄燈會，並有規模的在旗山舉辦。適逢過年期間舉辦的高雄燈會，讓旗山老街白天就非常熱鬧，街內的每間店都擠滿了人潮，許多想趁機賺過年財的小販全都出來了。這天老街被返鄉的、走春的人潮擠得水泄不通，人擠人的好有過年氣氛。

旗山老街以旗山車站為起點，巴洛克風格的洋樓、三合院、四合院等建築錯落其中，不同時代、不同風格的建築堆疊起旗山老街的故事。我抬頭仰望街角，藍天下素白的巴洛克式建築立面，被一串一串的紅燈籠染了新年的色彩；春到、福到貼滿了紅磚樓房上，用色彩、文字相互輝映著新年的氣息。現在的旗山老街以觀光發展為主，許多年輕人選擇返鄉回旗山開店，冰店、甜點店、伴手禮等等，在懷舊的建築中加入了新時代的創意，替旗山注入了年輕人的活力與創意。

夜色蓋上了旗山，老街依然沸騰著。小朋友聚集在日治時期後才逐漸成形的亭仔腳中玩著仙女棒，一顆一顆小小的花火背後滿是喜悅的笑容；棋盤式布局的街屋上頭，璀璨煙火在夜空中爆出五顏六色，隨著旗山燈會主燈點亮，也彷彿宣告著旗山在新時代的洪流中，仍然走出了不同於其他老街的質感與風格。

旗山車站與旗山糖廠

氣候適合種植製糖的甘蔗，日治時期廣泛種植，並設立糖廠、闢建糖鐵「旗尾線」，連結了旗山與九曲堂，全面發展糖業，滾動了旗山的經濟發展。這不僅是旗山人的生活依靠，更是旗山成為高雄山線最繁榮城市的關鍵。

隨著時代的輪轉，不再發展糖業的旗山拆了糖鐵，也不再大量種植甘蔗改種香蕉，變身為高雄的「香蕉王國」。但代表旗山歷史意義的「旗山糖廠」仍在運轉，旗山車站也轉型成遊客中心，成為旗山的觀光亮點。在新時代中，用不同的定位，屹立在旗山。

旗山地景橋 ｜ 舊鐵道改建的雙層景觀橋

　　逃離人潮擁擠的旗山老街，來到不遠處的河堤邊，這裡有一座歷經災難後重生的橋，它是前身為糖廠運送甘蔗的五分車軌道改建而成的「旗山地景橋」。

　　地景橋曾在 2009 年莫拉克風災時沖毀，經過整建後重新開放，與一旁的旗山橋比鄰，共同橫跨楠梓仙溪，成為旗山河岸的景觀地標，也讓過去糖鐵的記憶換了方式持續保留原地。

旗山地景橋全長 536 公尺，採雙層鋼構橋樑及 Z 字造型設計。上層為人行道、下層為單車道、動線分流行駛更安全。天氣晴朗時常看見許多遊客停駐在橋上，眺望美麗的旗山城市景觀與河岸風光。

美濃採番茄 ｜ 季節限定的番茄隧道

◇◇

　　鄰近旗山的「美濃小鎮」有好吃的粄條、油蔥和油紙傘，這是我在課本上留下的美濃印象。素有油紙傘故鄉之稱的美濃，那客家風情居多的小鎮裡藏有什麼樣的風景？讓許多第一次來到美濃的人都小有期待。但很多人不知道，高雄美濃區是橙蜜香的產地。

　　每年春節期間是橙蜜香及各式番茄盛產的季節。來到美濃只要沿著縣道140往杉林區方向前進，道路兩邊都可以看到番茄園，部分免費開放入園參觀，更歡迎民眾入園體驗採番茄的樂趣。

番茄園中紅番茄、黃番茄一顆顆像是燈籠般可愛懸掛著，組成了一片番茄隧道。

美濃生產的橙蜜香採用有機種植，甜度高、皮薄、肉質綿密，酸甜滋味在口中化開，讓人一顆接一顆的吃。

哈 瑪 星 老 街

暮 色 下 的 城 區

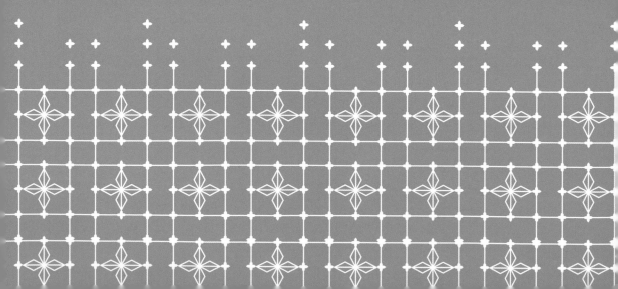

高雄捷運橘線完工後，緩慢進港的火車轉變成高速穿梭於地底下的捷運列車。時光讓高雄港火車站已經被捷運西子灣站給取代，那捷運西子灣站後方括號小字寫著的「哈瑪星」，卻註記了這美麗名稱的過往與現今。

「哈瑪星」之名源自當地有兩條濱海鐵路，這是由高雄車站分歧出來的「臨港線鐵路」。在日語中的濱海鐵路稱之為「濱線はません」，居民便以台語稱之為「哈瑪星（Hamasen）」，與高雄舊稱「打狗 Takao」有異曲同工之妙。

早期火車卸下的是貨物，如今換成了觀光客。隨著捷運列車車門開啟，一批批來自世界各地的遊客，背著背包與相機，來到了西子灣，追尋這裡的夕陽美景，嚮往高雄港口的海景風光。我從高雄捷運西子灣站 1 號出口出站後，沿著臨海二路前進，道路車水馬龍，兩旁建成時代不同的建築一字排開，用爬滿時光痕跡的立面，跟我宣告哈瑪星曾是高雄最早的行政中心。

這些老建築掛上了新招牌，有的成了便利商店，有的是飲料店，有的是餐館等等，讓哈瑪星地區變得非常熱鬧。原是海域一片的哈瑪星，日本政府在 1908 年利用疏通高雄港所產生的淤泥來填海，並建立了高雄港。善於佈置城市格局的日本人，將當地的土地做出完整的市街規劃，各式機構紛紛進駐於此。當時縱貫線鐵路也曾從高雄車站分歧，延伸支線到了高雄港設置高雄港車站。火車載滿貨物，隨著軌道緩緩駛進哈瑪星，再透過海運與世界連結，成就了哈瑪星過去的一片繁華。無奈好景不常，戰後高雄開發第二港口，漁業、航運等等都轉移到了南高雄的前鎮、小港地區，使得哈瑪星歸於寧靜，轉型成觀光客的必訪之地。

逃脫人潮，躲進巷弄中，忽然變得好寧靜。午後的日光灑落到老屋的玻璃窗上，爬滿青苔的紅色磚牆長了一株蒲公英。屋上的瓦片缺口幾隻麻雀嬉鬧著，這些老建築跟我印象中的西子灣不同，這是被遺忘的「新濱老街」。

新濱町與湊町、壽町過去共同組成哈瑪星，目前街區內碩果僅存的老房子僅在捷興二街與鼓元街這個區塊中看得見。它們在時光的洪流中垂死掙扎，最後透過老屋再生計畫，將老房子灌入了新靈魂，成了書店喫茶 一二三亭、手作料理餐廳等等，繼續見證高雄港下一段時代的發展。

打狗文史再興會社

這頭是用手繪方式說著哈瑪星的故事，那頭則是老照片一張張陳列。走進屋內，哈瑪星的歷史彷彿歷歷在目。

打狗文史再興會社是由一群關注文史保存與再生的朋友創立的平台。他們蒐集了哈瑪星居民的記憶，進駐在哈瑪星的老屋內，並透過不定期舉辦展覽及導覽、講座等活動，讓旅客認識更多關於哈瑪星深度的故事。想了解更多關於哈瑪星的故事，走一趟打狗文史再興會社就沒錯。

場館位置：高雄市鼓山區捷興二街 18 號
開放時間：11:00–16:00 ｜ 每週一公休（如有異動請依現場公告為主）
官方臉書：https://www.facebook.com/TakaoKaisha
洽詢電話：07-531-5867

打狗文史再興會社將舊倉庫整理活化，成就一片溫存哈瑪星歷史的空間，與隔壁的建築同屬「佐佐木商店高雄支店」。

哨船頭碼頭 ｜ 高雄最早發跡的海港

哨船町（Seusen chyo），為哨船頭的舊名，早期原本是座漁村，為當時移民所填的海埔地。「哨船」意指巡邏船，是高雄港最早期發跡的海港。

曾是台灣魅力之一的哨船頭，隨著漁業重心轉移，轉型變成了觀光遊艇港及海港公園，許多華麗的快艇與小船進駐於此，也常見許多悠閒的居民在此垂釣，與隔岸觀光客喧擾的鼓山渡船頭形成對比。它悄悄的、靜靜的，繼續與旗後山並肩相守，守著高雄這座港都的繁忙大門。

公園位置：高雄市鼓山區哨船街 32 號

天空雲台 ｜ 老橋大翻身美麗雲台

　　只要是好天氣，來到哈瑪星總是能看見許多風箏在天空悠揚，歡笑聲總是把這裡填滿。過去所遺留下的軌道，現在變成了高雄輕軌，叮～叮～，這是時代的聲響。

　　同樣的場景，在不同的時空有了不同的運用方式，這座過去用來聯繫鼓山、鹽埕的「公園陸橋」，隨著臨海新路平面道路闢建完成後，橋體正式功成身退。不過，它沒有隨之拆除，而是變成了「天空雲台」。保留了原本紅色的鐵橋外觀，並搭配揚起的白色風帆，像是一艘滿載歡樂的大船重返高雄港，讓城市裡的人們，距離天空與夢想又近了一點。

鐵橋位置：高雄市鼓山區鼓山一路（哈瑪星鐵道文化公園內）

壽山情人觀景台 ｜ 暮色中泛黃的高雄夕景

　　從西子灣捷運站沿著小路慢慢往壽山上爬，雖然爬坡途中耗了些體力，不過也能慢慢感受到因自己的一步一腳印而變化、而抬升的高雄市風景線。

　　壽山有一側濱海、也稱柴山，山上除了有壽山公園、龍泉寺、千光寺、法興寺、元亨寺、忠烈祠等等信仰中心外，也有充滿歡樂的「壽山動物園」。高雄市政府在壽山忠烈祠前打造了「壽山情人觀景台」，成為高雄情人夜間約會的聖地，也是許多攝影師拍攝晨昏夜景的好地方。不過，我更喜歡坐在一旁的階梯上，靜靜欣賞許多貨輪大船駛入高雄港的畫面。

　　另外一側則是高雄市區筆直、整齊的街道。雖然無法直接看到夕陽沉入大海的畫面，但背對著太陽、看著城市在日暮中染黃，轉換成夜的過程，更能感受體驗靜謐的高雄市，真美。

展望台位置：高雄市鼓山區忠義路 30 號

豐田老街

熱情！現正營業中

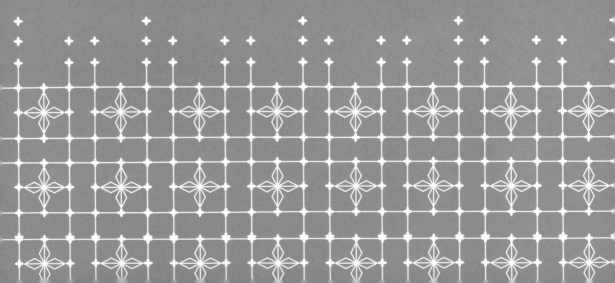

往台灣南部走，許多聚落發展並不是以車站為起源，通常街市是以當地的信仰中心為起點。像是位於內埔鄉的「豐田老街」，則是以客家人的信仰中心「三山國王廟」為發展起源。

九月的屏東，如常下起了一場滂沱大雨。為了躲避大雨，我闖進豐田老街，躲在老街攤販的雨傘下，望著天，祈求這場大雨趕緊停下來。

以三山國王廟為劃開軸線，窄窄的道路兩旁一台一台的攤車並列而行，共同在雨天撐開了五顏六色的陽傘，好像滿開的小花，替原本烏黑的雨天，增添了繽紛色彩。我走向一攤賣滷菜的餐車，餐車前擠滿了人潮，投以好奇眼光的我，拿起相機按下快門記錄眼前一切。

「我們鄉下的菜市場，就是這樣！」賣菜的阿姨對我笑著這樣說。

「來，你吃吃看，我們賣的東西很好吃的！」

「丟啊！丟啊！我都來這裡買！」滷菜攤的阿姨大方地給我試吃，而旁邊的婆婆邊與我閒聊同時，也不忘手邊的動作，繼續夾菜。

「來啦！我們家的菜包只要十元，很好吃！」賣菜包老伯也不忘呼喚我過去瞧一眼。

一人一句之間，我都還來不及回話，那濃厚的人情味就在大雨中暈開。

不管晴天、雨天，眼前的新中路，是他們生命的舞台。新中路在日據時代實施市街改正計畫，拆除了許多三合院，並擴建了道路、興建許多新式樓房。物換星移，當時最新潮的新房，卻已經是現在迷人的老房了。

我冒著雨珠，跳過水窪，躍進了幽暗的騎樓間。復古的花窗長滿銹蝕，眼前的古老木門對聯已被時光給剝落。視野拉長焦往街市看去，攤車的背景是懷舊的巴洛克風格洋樓及老舊古厝，衝突的畫面，撞出了豐田老街迷人的火花。

國王廟前，那一棵榕樹下伴著老房屹立至今，樹蔭撐起的陰影，換得居民一片沁涼，也撐起了當地居民的情感聯繫。往街道中走，宅子上的立面寫著中藥店、五金雜貨行、和服店等等。在過去，這些都是繁華的集合點。例如「榮勝吳服商店」曾是日治時期和服販售的大本營，現今已歇業；「坤協盛」與「鴻祥雲雜貨店」像是織女與牛郎，隔街遠望，都是當地的老店。可惜鴻祥雲雜貨店正面卻被一道粉紅色圍牆給堵了起來，只剩下坤協盛現正營業中。

一旁的松榮五金行，仍然開張著。不過老闆不賣五金，改為收集古物，將各地收集來的掛牌及古物填滿了店內每一寸空間，展示各種老闆的收藏品，讓人像是走進一座時光故事館。

人潮如水，豐田老街越晚越熱鬧。各式各樣的攤車接力聚集，齊力展開了一片「黃昏市集」。賣魚的、賣肉的、賣菜的、賣雜貨、賣五金等等，應有盡有。他們販售著商品、叫賣著人生，是豐田村最有生命力、最熱鬧的地方。

婆婆、媽媽拎著小荷包，推著菜籃車而來，思考著今晚該推出什麼樣的佳餚上桌？走了一圈後，荷包瘦了、菜籃車卻滿了，今晚家裡的冰箱肯定跟家人的肚子一樣，又是餵得飽飽的。

鼻息之間佈滿了潮氣，陽光穿過雲朵落在被雨水洗溼的洋樓立面上。木窗上一隻躲雨的蜻蜓與世無爭地避開了街市的喧擾，就像是掛在山牆上的動物雕刻，不發一語的看著豐田老街的時代更迭。我，也沉浸在眼前的光景，這場大雨中所見的迷人光景。

三山國王廟是客家地區的守護神，新北勢國王宮則有 215 年的歷史。

老街中的「坤協盛雜貨店」為巴洛克式建築，建於西元 1920 年至 1924 年間，
目前仍然營業中。

二崙老街

鐵窗花與鏽蝕

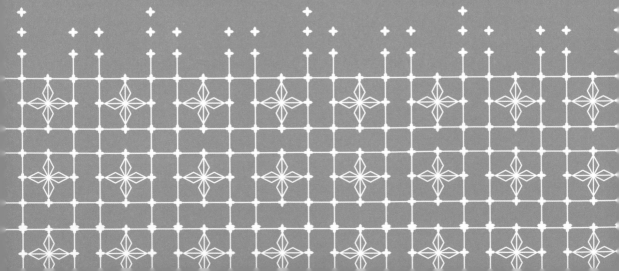

阡陌交錯的電線劃破了街道的天空，榕樹的氣根，緊密的擋住了紅磚瓦砌成的民房窗口。斑駁的牆面上還貼著一張囍字貼紙，很典型的屏東鄉村氣息，這裡是少為人知的「二崙老街」。二崙社區並非雲林的二崙鄉，但由來卻是相同。在字海裡「崙」字有突起的小丘之意，日治時期竹田地區統稱「二崙庄」，在竹田鄉就有頭崙村、二崙村和美崙村，早年二崙更為竹田的行政中心。

　　雖名為「老街」，但因未開發成觀光型態，也未有人前來規劃，沒有商業進駐的整個老街，意外的相當寧靜。但隨著時代變遷，村子也逐漸沒落，只剩下居住的年長者，因此二崙老街為了讓整座村子更有特色，吸引遊客前來認識這座小村落，將老街旁的街屋都繪上了當地鄉村特色的繪畫作品，成為相當有農村特色的彩繪村。

　　走進二崙老街，一排紅磚矮房掛著復古的鐵窗花，延伸到了百公尺的盡頭。路的尾端是社區集會所，以洗石子的地面、蒂芬尼藍木窗框包住了社區時光的懷舊氣息。集會所旁的長春亭，是整個社區的感情凝聚點，今天午後聚了一群婆婆媽媽在這，她們正聊著社區日常發生的小事情。看見我的到來，婆媽們先投以好奇的眼光看著，不用多久，便熱絡地跟我寒暄，跟我講述著這個社區的小故事，並說到哪個誰家有什麼樣的彩繪牆等等，就像是今天的太陽一樣熱情。

　　其中，老街內有座古早味十足的碾米廠，藍色的門搭配綠色的牆腰，發出的韻味讓人愛不釋手。碾米廠旁則是有一片較為精緻的彩繪牆。這座亭子就像是村子的放送點，想知道什麼事情，或是什麼事情傳到這裡，就會像漣漪一般，緩緩地擴散開來。

二崙村開庄神明 ｜ 神隱伯公的家

二崙老街一整排紅磚房內有一棟較為特別，藏了間「福德正神廟」，而此尊伯公也是二崙村的開庄伯公，在地方上具有相當的意義及地位。但為什麼廟會在民宅裡頭？這故事眾說紛紜。據說在日據時代，因日本人不准當地人民有信仰，於是開始銷毀神像，二崙村民為了保護神像，就把神像藏在家裡頭，後來村民也都偷偷的到民宅裡面祭拜神明。

在日本人離去之後，神明不願意離開保護祂的這戶人家，村民也就「順從神意」，將神明繼續供奉在民宅內，而主人也敞開大門，讓村民可入內參拜，成了二崙村中的隱藏版廟宇。

伯公麵店 ｜ 去土地公爺爺家吃麵

　　中午用餐時刻，竹田在地朋友說要帶我們去一家很特別的老店。抱持著好奇的心，跟著他的帶領，來到這間竹田國小對面的「土地公廟」。走進廟裡，屋內擺設幾張桌子，後面就是神明桌，那光景實在讓我出乎意料，這是竹田的伯公麵店。

　　伯公麵店的單品都很簡單，有名的是客家鹹湯圓，湯頭由些許的白菜和油蔥組成，鹹甜鹹甜的滋味在炎熱的夏天喝起來相當爽口。鹹湯圓的部分皮相當Q彈，一口咬下，裡頭的肉汁四溢，有蝦米、胡椒，想嘗鮮的還可以單顆、單顆點，一顆只要12元。另外小菜類的「涼拌豬肝」及「泡菜」都是在地內行人必吃的單品，數量有限，每日推出後就被秒殺。

伯公麵店整家店相當低調，攤位就在伯公廟旁邊。特別的是把用餐區拉到了伯公廟裡，吃麵的時候土地公爺爺則是在旁凝望著我們，畫面相當有趣。

麻醬麵麵體採用的是比一般油麵還要略細的麵種，搭配榨菜絲和紅蔥頭組成懷舊好味道。

地址：屏東縣竹田鄉中正路23號
電話：08-771-1587

里港老街

踏進一抹復古紅的紅牆街

午後的里港老街，豬腳的香氣把空氣填得滿滿的。在市區吃過了餛飩豬腳後，沿著指標的指示，來到了里港老街。甫剛進到老街，高掛紅燈籠、散發著飽和色彩的交趾陶屋頂廟宇，吸引了我的目光，這是里港人的信仰中心「雙慈宮」。

　　雙慈宮建於清朝乾隆年間，主要供奉媽祖娘娘，也稱為「里港媽」，香火據源自於大陸湄洲，由福建漳州的商人恭迎香火來此創建而成，是里港人的信仰中心。宮內更設立了社區圖書館，成了當地居民交流感情與閱讀的所在，與里港鄉民生活更如膠似漆了。繼續沿著里港老街走，中午過後的市場內小攤販紛紛收起攤車，準備下工。唯有巷口那間小刨冰店，還轉動著盤子裡的雪花，淋上了豔麗的果醬，迎著饕客。

　　繼續往里港老街的尾端前進，紅色的外牆搭配懷舊窗花，在晴朗的天空下相當奪目，此為漳州移民來此的「陳氏宗祠」，也是陳氏家廟。在客籍陳姓移民陸續遷入，與其他縣市的家廟並稱成為一大祠堂，為台灣五大陳氏宗祠。但宗祠平常似乎不對外開放，只能隔著鏽蝕的鐵窗窺探究竟。

　　里港舊名「阿里港」，這個名稱的由來相當有趣，相傳清初有一個姓氏不詳名為「阿里」的人，在溪畔構築而居，在當地主要販售冷食，久而久之人潮聚集，逐漸形成小村落，而這村落就是當今的里港老街。台灣的歷史記載中，只要有港口的地方就會形成繁華商圈。古早的阿里港，讓東港的商人都會以竹筏舶運貨物來里港做買賣交易，使得里港的商業開始蓬勃發展，興盛程度僅次於「一府、二鹿、三艋舺」的首府台南，由此可知當時里港有多繁華。

現今里港以大平路附近發展得較為熱鬧，熱鬧的商圈招牌也遮蔽了原本老街開闊的藍天，許多古屋老舍也都被現代化的招牌美學所覆蓋，讓人覺得可惜。進到里港老街，兩邊老房子像是棋子般散落在街道旁，紅瓦磚牆砌成的老房子、印滿圖案的磁磚與老花窗在夾縫中求生，與現代的水泥房有了相當強烈的對比。街內僅剩的幾塊舊式招牌，苟延殘喘的呼喚著老街的歷史，提醒著過往旅人這裡的歲月風華。

　　里港老街幾年前也進行過改造，闢出了百公尺的徒步區，從雙慈宮延伸到陳氏宗祠前，並把里港的特色小吃及農特產使用，拼花鋪面成地磚，呈現在老街的地面上。但這條老街的風貌本該不屬於這樣。

　　站在同樣的阿里港街上，吹著同樣來自二重溪的風，過往的港口不再後，風也轉頭而走，路的方向與天際線也都不同了。

斜張橋咖啡 ｜ 在亞洲最長的斜張橋旁喝咖啡

　　記得南二高剛建成的那年適逢我的畢業旅行，當時我們一台遊覽車從台北一路往南，當大家都還在睡夢中時，導遊忽然喚醒我們，告訴我們現在已經到了高雄田寮，要我們看看窗外的月世界地形。正當驚嘆之時，過沒多久，一座高聳入天的巨橋映入遊覽車窗內，導遊得意的跟我們介紹著這座「斜張橋」是台灣之光。小小的遊覽車窗容納不下巨大的斜張橋整體，我們只好把臉貼在玻璃窗上，只為了看個仔細。

　　長大後，再訪斜張橋，當時看到這座橋的感動還深深烙印在心中。橫跨滔滔楠梓仙溪的斜張橋，主橋跨徑 330 公尺、側跨徑 180 公尺、塔高 183.5 公尺，呈現特殊的 A 字造型，相當於 60 層高樓建築，跨徑僅次於德國跨越萊茵河的鐵橋，排名全球第二位。是台灣首座複合式斜張橋，也是亞洲最長之非對稱型單橋塔斜張橋。

　　要欣賞斜張橋的位置有很多。佛陀紀念館前方的河堤，是許多攝影師拍攝斜張橋夜景的熱點，而我則是更喜歡深藏在山頭小徑深處的這間「斜張橋咖啡」。

　　斜張橋咖啡座落在斜張橋旁的山頭上，因為咖啡展望座前並沒有屏障，能夠一覽整座斜張橋的壯闊。推薦大家選在晴朗的傍晚前來，可以從夕陽一路看到夜景，感受日夜之間的斜張橋之美。斜張橋咖啡入園低消只要 80 元，就可以坐在這裡悠閒一整天。

店家位置：高雄市大樹區統嶺路 72-50 號
營業時間：17:00-23:30（如有更改請依官方公告為主）

陽濟院老街

廟街、酒釀、老味道

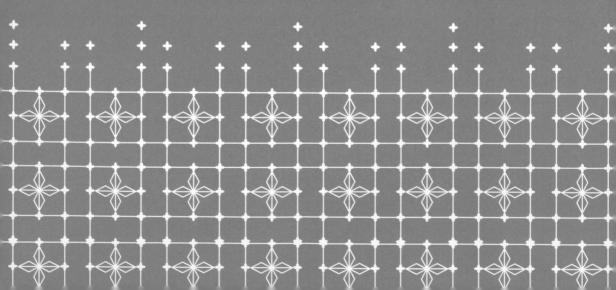

過往內埔給我的印象，是以專門策劃客家文化意象為主題展覽的「六堆客家園區」最為著名。但距離園區不遠處的這一條陽濟院老街，卻是被遺忘的。

　　午後的屏東天空又扳著一張臉，時序進入九月卻還是頂著典型的夏日型態，眼看快下起一場雷陣雨，我趁著雨水來臨前，趕緊躲進內埔六堆天后宮的騎樓裡。神情急促的我，對比老街內攤販慢慢打起大傘、老神在在的樣子，在地人似乎早已習慣屏東這樣任性的天氣。

　　站在六堆天后宮外，說時遲那時快，一陣大雨來得突然，嘩啦啦的降下了一片。與天后宮比鄰的是昌黎祠。內埔街區主要以昌黎祠及六堆天后宮為中心，由陽濟路及東成路交錯而成，主要以「陽濟院」發展出街的型態，在地人都稱內埔老街為「陽濟院老街」。

　　據說這裡曾是使用竹籬做成羊圈、眷養羊隻並販賣的場所。因為有了商業痕跡，自然發展成一個聚落，因而有著「羊聚圈」的名稱，後來進而演變成「陽濟院」。這條老街的型態與我們印象中的觀光老街不同，大多完整保留著內埔居民的生活風貌。

　　打起了傘，走在老街內，新與舊的建築交融、世代在這裡交替的軌跡藏不住，在雨水中更顯歲月的蒼蒼，發出一種難以形容韻味。忽然間，一隻小黃狗溜進了我的傘內，濕漉漉的身體，用哀求的雙眼看著我，彷彿要我暫時成為牠的避風港，黏著我緊緊的。正當我不知所措時，「阿旺啊！快過來！」屋簷下阿婆頂著白髮，那臉上刻滿了時光的軌跡，杵著拐杖呼喊著小黃狗快回她的身邊去。但阿旺似乎不肯，依然黏我緊緊的，我只好把阿旺抱起到阿婆的身邊。阿婆抱著阿旺，並對著阿旺的屁股打了一下，說：「雨落這大，你還到處亂跑！真皮。」

轉眼看著我、用台語笑著說：「雨下這麼大來這裡玩嗎？這條街其實謀瞎咪！」面對阿婆的直率，我接著問：「阿婆，這附近有什麼好呷的嗎？」

　　「有喔！前面那家酒釀應該還有開，你快去看看！」得到了這個情報，我快步地依照著阿婆說的方向前進，找尋著酒釀的蹤跡。

　　內埔是六堆的中心，是客家群聚之地，而陽濟院老街更是內埔最熱鬧的城區，也是內埔鄉最早開發的地方。目前保留了八成以上的老街原始風貌。這天雖然雨水陣陣，打亂了我的步伐，但卻沒打亂宮內那本就裊裊的虔誠香火，香客依然一柱又一柱地插上了香火。香火隨著日月，在內埔蘊了數個世代，刻劃出內埔人的生活樣貌，讓人感受到滿滿的溫暖。感謝這場大雨，讓自己有了不同的邂逅。

源順酒釀 ｜ 酒釀醇味飄散而出

　　源順酒釀是陽濟路老街人氣最高的一家老店。店內雖小，這裡的酒釀卻是用香氣吸引許多老饕特地前來品嚐。源順酒釀在清朝時期就是內埔著名的酒廠，如今酒廠轉為販售紅糟與酒釀，成了源順酒釀，是內埔老街知名的老店。

　　走進源順酒釀，和藹的老阿嬤特地前來招呼我們。酒釀湯圓還沒端上桌，香氣就溢滿了小小的店內空間。阿嬤聽見我自遠方來，親切地跟我們介紹著她的酒釀，也介紹著她們家最引以為傲的建築歷史。源順這棟老房內藏著許多秘密，穿過矮門，裡面是酒廠早期的宿舍古蹟，更是「鍾家古厝」，在過去，它是內埔地區唯一的酒廠。

　　特別一提的是，屋子的一磚一瓦採用糯米加石灰、紅糖傳統技法建造，材料也都是從中國運過來，因為那個時代，認為最好的建材就是來自於大陸。整棟建築雖然已經充滿了歲月的痕跡，但建築依然堅固、完善。花布桌上放了一碗酒釀，這碗遵循古法製造的酒釀紅豆湯圓，是源順酒釀的招牌，透出香氣逼人，一口吃下相當溫潤，酒香混合了紅豆的甜，讓人愛不釋手。

青花巷

老街中藏著一條「青花巷」，整條巷子以藍白為色
調主軸，彩繪著青花。花開滿了整條巷弄，雖然在歲
月的洗禮下已經退色，但依然看得到青花像過往的風
華，千萬別錯過了。

建築的顏色採用了鐵灰色，在客家人的柔情一面中，似乎多了點時代與剛硬的衝突感。

六堆客家文化園區 ｜ 走一趟好客聚落

　　2012 年正式營運的六堆客家文化園區，保存、展示了高雄及屏東地區十二個客莊行政區的客家生活風貌。園區佔地 30 公頃，分為入埕廣場、傘下景觀、中央噴水池、植生牆、中軸廣場、景觀滯洪池、菸樓展示館、礱間展示館與餐廳、自然及田園景觀區、水頭廣場、九香花園、兒童遊戲區、宿舍及全區自行車道等等，其中建築內的廣場設置了噴水池，固定時間會有音樂水舞秀可以欣賞，是最多小朋友與家長逗留的區域。

　　這裡最大的特色是像斗笠又像飛碟的建築外觀，但正解是以「為大地打傘遮蔭」為概念、象徵客家文化的「紙傘」而設計。類似斗笠的屋頂為綠建築，上頭覆蓋了許多太陽能板，以供應園區內部分的用電，由建築師謝英俊所設計。

園區位址：屏東縣內埔鄉建興村信義路 588 號
開園時間：09:00-17:00 ｜ 週一休園
諮詢電話：08-723-0100

頭城老街

破曉中遇見故事開端

搭著區間車，隨著火車在北迴線上緩緩前進，在這漫長的黑夜中，一個人旅行特別孤單。時間來到清晨五點，天邊的彩霞滅了星光，使我陶醉在繽紛的天空色彩中。霎那間，列車撞進了幽暗的隧道，一座一座接力。此時，太陽已經悄悄地從金黃色的海平線那端爬起，把日光灑進了列車裡，照亮了我昏沉的腦袋。望著窗外那片寬闊的太平洋，龜山島蟄伏在海上，在很早的早上，跟我說早安。

　　火車來到頭城車站，散了一車乘客。我走出車站，面對的是熱鬧的頭城市區。回頭仰望，車站龜山島造型的屋頂外觀，運用了紅磚搭建起亭仔腳的風格。這些都是頭城小鎮的日常元素，從車站讓我先留下了頭城的第一印象。

　　日光喚醒了頭城，早上七點，街道上好寧靜。來到素有「開蘭第一城」封號的頭城，它的發展與烏石港、頭圍港有著重要的關聯。

　　先民過去飄洋過海，從烏石港上岸後，誓言齊心拓墾眼前的這片新天地。當時陸路交通還不發達的年代，貨物只能透過海運的方式到達烏石港，烏石港因地理之便成為蘭陽的門戶，成為商業聚集熱點，讓頭城獲得發展的入場券，成為大蘭陽的經濟轉運站。貨物都匯進頭城後，透過頭城最古老的「頭圍街」河道，直送到其他聚落，而頭圍街就是現今的「和平街」。途經的沿線聚落，也都獲得養分，萌芽發展，最後繁榮像是開花般，滿了整個蘭陽平原。

　　走進和平街，在這宜蘭少數的老街中，沒有方向就是最好的方向。呈現南北走向的街道，老街的北邊端點銜接烏石港，這是和平街過去因河運而發展出街道的證明。可依循著自己喜歡的路線，穿梭在時光的拱廊中，找尋屬於自己的方向。老街中許多老宅立面都細細地描繪著自家的名號，華麗的建築立面、街屋比鄰密集的程度，都不難看出全盛時期的頭城，有多麼繁榮。

現在的頭城老街，不像西部觀光型態的老街，擁有相當熱鬧的街市與叫賣聲。街道中除了許多古宅外，還有數座充滿靈氣的老廟，像老街的南、北兩端都有一間福德祠，據說是當地人希望藉此鎖住街市中的財氣，保住繁華所規劃出來的格局。但人算不如天算，後來陸續發生的水患、烏石港泥沙淤積，陸運取代海運等因素，讓頭城的故事，寫下了逗點。

　　近年古宅保留與老街再造的意識興起，加上蘭陽博物館的成立、頭城鎮史館的文資呈現，許多年輕人願意回到頭城落腳，並發起一場文化與藝術的革命，透過導覽與遊程的方式，讓來到此的旅客了解更多頭城的故事，積極地找回這座開蘭第一城該有的魅力。

阿伯炸蛋蔥油餅 ｜ 頭城車站旁的好味道

　　走出頭城車站，一陣濃郁的香氣撲鼻而來。往香氣飄來的方向一看，一台藍色小發財車正停在車站右側那棵大榕樹下，上頭掛著小小的看版：炸蛋蔥油餅，一份35元。

　　我忍不住點了一份來品嚐看看，阿伯先是熟練地把麵皮桿平，再將Q彈的麵皮丟進油鍋裡面炸，麵皮瞬間膨脹後再打入一顆蛋，撒上些許蔥花，並將麵皮與蔥花蛋結合在一起，就是一片好吃的炸蛋蔥油餅了。起鍋後，阿伯問說要不要加辣？我說要！就看見阿伯將餅分別塗上三層不同特製的醬汁，光看塗料過程就讓人垂涎三尺。雖然是用炸的，但口感卻不油膩，柔軟的麵皮邊緣帶點酥脆口感，一口咬下，在口中細細咀嚼，蔥香與蛋香結合醬汁在口中化開，真的很好吃！難怪會成為頭城著名的小吃。

爬到最上一層樓往下拍攝，就能夠拍出八角包圍的風景框線。特殊的構圖，讓八角瞭望台在網路上快速竄紅。

頭城濱海公園 ｜ 廢墟上眺望龜山島

頭城濱海森林公園中最火紅的就是原本廢棄的這座「八角瞭望台」。這裡最大的特色是爬上觀景台後可以眺望整片太平洋，天氣好時更可以直視龜山島，風景美不勝收。

不過八角瞭望台更受年輕人歡迎的不是眼前這片風景，而是樓中獨特造型的「旋轉梯」。塔內構造深受年輕人喜愛，也帶動原本廢棄的頭城海水浴場，不管平日或假日皆有人潮，成為頭城海線最新的觀光熱點。

園區位址：宜蘭縣頭城鎮協天路 400 號

大溪漁港 ｜ 新鮮海味剛上岸！

　　從頭城車站往北出發，三十多分鐘的區間車程，就可以來到最「海味」的車站「大溪車站」。離開無人的大溪車站，跨過台二線沿著海岸線步道往南步行，是全台灣最幸福的小學「大溪國小」。因緊靠著太平洋而得名的美麗小學，不僅提供露營活動租借，旁邊的海灣更是許多衝浪客的天堂、新人外拍婚紗的秘境「蜜月灣」。

　　沿著海岸蜿蜒的步道往北行，氣氛忽然換了一個頻道，一艘艘漁船正停靠港內，滿滿漁獲嘩啦啦地落下。剛卸下的漁獲，船員現場叫賣，不用特別演練，一場叫賣的實境秀就此展開。來自各地的餐廳老闆，圍成了好幾個圈，把港邊擠得水泄不通，搶著購買剛倒下的新鮮漁獲。順利賣出的漁獲，馬上封箱包裝，魚販開心的數著鈔票，準備回家向妻兒交代今日的豐收。

　　走進大溪漁港彷彿打開了百科全書，各種城市中很少見的魚在港內一字排開，蝦、蟹放滿了簍子，精彩呈現，任君挑選。走進港邊的美食廣場，不僅可以現吃海鮮，更可以感受到討海人可愛、樂天的性格，讓來到此的我，感受到鮮撈仔的澎湃與熱情。

利澤老街

風 起 之 時 的 一 頁 繁 榮

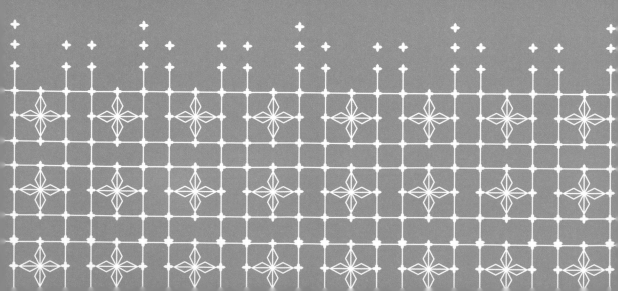

從羅東轉運站搭乘台灣好行冬山河線前往利澤老街，公車駛離市區，進入到五結鄉。時序進入秋天，宜蘭稻子已進入下一期輪作，原本綠油油的稻田換上了一面如鏡的水，映照著宜蘭的純粹 —— 山與天。或許是平日的關係，這台假日滿載遊客前往傳藝中心的觀光公車，今天只有我一人獨享。沒有了人潮，反而更能品味宜蘭獨有的寧靜，我暗自竊喜著。公車駛離熱鬧的五結市區，開上了跨越冬山河的紅色橋樑，這是遊客對於冬山河不變的經典印象，「利澤簡橋」。公車才剛下橋，我趕緊按了下車鈴，「利澤老街」到了。

下了公車，站在利澤老街口，一陣風吹來，好舒服。但那空無一人的街道，在這陣風之中卻顯得有些冷清。金黃色的帆船上頭寫著大大的利澤社區矗立在街口，帆船下有著一個橋頭碑，上面寫著「利澤簡橋」，這是舊利澤簡橋的橋頭碑，也是剛剛那座旅人印象中的「利澤簡橋」前身。

「利澤」舊稱「利澤簡」，現在看起來是個與世無爭的小村莊，但在過去蘇澳還是個小漁港的時候，利澤簡已經是個熱鬧繁榮大於蘇澳的城鎮。百年歲月過去，蘇澳的風華卻已經超越利澤。

利澤簡在平埔族語中有休息之地的意思，而「簡」在台語中與港同音，有港口之意。利澤過去緊鄰冬山河，在清代與日據時代都佔有相當重要的地位。帆船可乘著水路上行至冬山、下接出海口，銜接整個世界。當帆船停靠利澤，卸下的貨物可透過陸路進入到羅東、宜蘭地區，這一靠使利澤成了貨物主要的集散地。當時的渡船口就設置在利生醫院旁、現今已經填平成為利澤西路的區域。

利澤簡過去的一頁繁榮，在日據時期冬山河的填土改道、台鐵宜蘭線與公路陸續興築，而翻了頁。宜蘭的運輸不再是透過水路，轉往能加速運輸出去的鐵公路為主，這也讓利澤簡的繁華加速殆盡，不再鼎沸。眼下的利澤老街，僅剩街口的利生醫院與利澤戲院，是那繁華過去的見證人。

走進利澤老街，百公尺長的街道新舊建築交錯，許多新時代的水泥樓房取代了老屋的容顏風華，但仔細看著，還是不難看見許多傳統閩南式亭仔腳的樓房。老街沒有新時代的連鎖商家進駐、沒有販賣紀念品的小店，更沒有文青最愛的老屋咖啡廳，僅有幾家營業超過一甲子的傳統小店，賣著糕餅，賣著回憶。

　　老街雖然透過社區營造，街道的視覺系統看起來相當一致、乾淨，但始終少有遊客前來探索，依然保持著寂靜的狀態。我覺得利澤就像是一個獨居老人，守候在寂寥的歲月中，等著名為繁華的孩兒回家。

利澤老街內三開間的
巴洛克建築，是大正
時代的產物。

入口社區意象的帆船是早
期的手划船，也是當時來
此買賣交易所使用的貨船。

利生醫院

利生醫院建蓋於1920年，是利澤簡的地標，也是利澤簡老街最早的西式建築。二層樓高的建築，靜靜地座落在老街轉角處，土黃色的面磚隨著L形的流線而展開，裝飾相當素雅。如今的模樣，外牆已經是經過翻新後的型態。它在不同時代有著不同使命，曾是信用合作社、輕便車站、五結鄉農會，不同時代肩負不同使命服務著利澤簡，目前由林家第三代經營「利生牙科診所」。

利澤戲院

戲院往往是一個區域的繁華象徵。1964年開幕的「利澤戲院」如今大門緊閉，那牆面上的海報再也不會更換；狹小的售票口，再也看不到大排長龍的人潮，令人不勝唏噓。

綠野茶園 ｜ 我們找「茶」去

中山社區藏身在冬山河上游山窩邊，過去村民以種蕃薯為業，後來因水稻收成不理想，剛好有師傅將茶帶進了中山社區，農民改種後發現茶的經濟效益不錯，種茶的文化就此在中山社區蔓延開來。如今發展出另類的茶經濟文化與觀光，現在為茶業為主的休閒農業體驗區。

旅客來到綠野茶園，可以參觀茶園及製茶工廠，甚至可以背上竹籃、戴上斗笠，直接進入茶園透過人工採摘的方式體驗「採茶」，並將採收回來的茶葉直接加工，從採茶→殺菁→揉捻→初乾→布揉→烘焙，一個下午的時間就能自己做一包「宜蘭綠茶」帶回家。許多「喝過茶卻沒看過茶」的旅客來到這裡，可以對茶業有更深一層的認識與瞭解，畢竟很多事情並不是課本上都會教、都能體驗得到。

剛採下的新鮮茶葉叫作「茶菁」。茶菁採收以嫩葉和嫩芽為主，也是我們熟知的「一心二葉」。一心二葉指的是老葉搭配嫩葉，因嫩葉所沖泡出來的茶湯雖然濃，但味道不夠香，所以得透過老葉去帶出嫩葉的香氣。

茶園位址：宜蘭縣冬山鄉中城路 132 號
諮詢電話：03-958-4888

新城老街

太平洋邊的盛夏光年

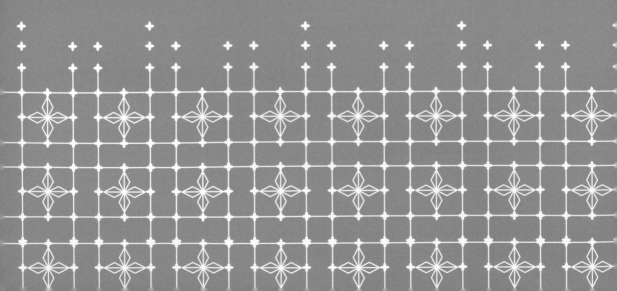

從花蓮市區一路往北騎著機車，夏日的柏油路冒著滾滾熱氣。經過將近一個小時的路程毫無遮蔭，滿身大汗的終於來到了「新城」。攤開手中的地圖，找尋著新城老街，卻始終沒有見到我想找的「老街」。正當我懊惱之際，遠處一位坐在騎樓下納涼的阿姨，成了我詢問的對象。

「阿姨，請問新城老街在哪裡？」

「新城老街喔！就是這裡啊，你眼前看出去這條都是！」

「這裡？這裡就是新城老街？」

「對啊！跟你想得不一樣吧！」阿姨露出了淡淡的笑容。

「原來，我已經在新城老街了啊！」

「懷疑齁！不要懷疑。」

「那海邊要怎麼去？」

「你就這條路直直衝到底，真的衝到底喔！就可以看到海了！我們這裡每條路都可以通往海，隨便你騎都會到。」阿姨說完自己也笑了。

新城，官方在地圖上註記了一條老街的存在。當我實際來到新城老街，卻與我印象中的「老街」不太相同。沒有小販、沒有林立的店家，只有短短一條街、幾家小吃店比鄰，和一間人潮排到外面來的冰店，其餘的就是日常不過的街景。或許是我給予「老街」這兩字太多的既定印象，那些既定印象來自於熱鬧非凡、喧囂沸騰的觀光型態老街，帶給了我許多期待。卻也忘了，老街應是當地最老的那一條街，平凡才是它應有風貌。

博愛路就是新城老街，這是新城鄉開發最早的一條街。早年立霧溪曾經因淘金而繁華，接連帶動起新城的發展，過去新城老街更設有歌廳、電影院等店舖。但隨著淘金熱潮結束，蘇花公路也改了道，新城老街的繁華就此寫下逗號。沒落後的新城老街，沒有大量的觀光規劃，留下淡淡的小鎮風情，街區中許多老屋爬滿了薜荔，像是浪潮覆蓋過所留下的水痕。

新城老街的終點就是太平洋，一條長長的堤防，延伸至七星潭，彷彿在跟浪花比賽，看誰延伸得最遠。我望著湛藍的太平洋，日光燦爛，視野卻透徹。坐在岸邊吹著風，感受著太平洋邊的遺世小鎮，是這趟旅行中，最舒適的樣貌。

新城照相館 ｜ 盛夏光年取景地

新城老街內，一棟塗上蒂芬妮藍外觀的老屋，招牌用紅色手寫字體寫上了「新城照相館」，這是國片《盛夏光年》電影海報的取景地，一間超過六十年歷史的老照相館，也是新城老街中最著名的老屋。這間老屋子像是攝影師用快門鎖住了時光，屋子內刻意保留了當時使用的古董相機、佈景、鎂光燈、電燈、工作台等等，並免費開放給遊客參觀，一同見證新城的那些歲月。

佳興冰菓店 ｜ 酸甜檸檬汁的盛夏滋味

◇◇

　　吃上一碗沁涼的冰品解暑才叫夏天。來到新城老街，這間佳興冰菓店是老街中最多人聚集的地方。開業超過六十年的佳興是在地老字號冰店，來到這裡，許多人買的不是冰，而是一瓶又一瓶的檸檬汁。佳興的檸檬汁是用完整帶皮的檸檬所榨成的，也是店內最受歡迎的單品。一口飲下，冰涼酸甜在口中化開，酸甜口感帶走了暑氣，也酸出了我的新城記憶。

喔酷湖澎

中央老街

披戴四百年歷史的老媽宮

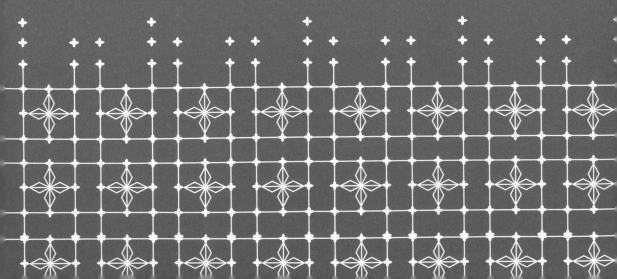

每個城市都有一條發展最早的街道，來到離島的澎湖也是。位於馬公市區的「中央老街」， 是整個澎湖群發展最早的街道，自「媽宮」建城後就存在，已經有超過四百年的歷史，孕育了豐厚的海島故事。

中央街以澎湖天后宮為中心延伸而出，舊稱為「大井街」。街內過去都以販售民生用品為主，有中藥行、生鮮蔬果、魚肉等等，造就了周邊的繁榮，最後以大井街、右營直街、右營橫街、左營街、渡頭街、海邊街、倉前街等「七街」，加上媽祖廟前漁民賣魚的「魚市」，組成了「七街一市」。在日治期間，中央街在日本人的規劃下畫為「宮內町」和「南町一區」，完整了整個馬公市區的形貌，生活機能越來越完整。

不過隨著後期的商圈轉移，周邊市場啟用分化了中央老街的商業機能，原本的風光就隨著記憶走入了歷史。隨著澎湖發展觀光，中央老街獲得經費修繕及規劃，原本頹圮的老屋經過修繕規劃、重新整理，讓許多慕名澎湖美景而來的遊客駐足，成了澎湖必訪的景點之一。

狹窄的街弄，一路延伸而入，充滿懷舊感的老街，一張張正紅色對聯，以新時代的詞彙訴說著澎湖的故事。兩旁的建築，門面皆保留著老宅應有的古典風貌，溫潤色調的木門、一塊塊紅磚搭建的樑柱，都揉合了時光的裂縫。

中央老街內的「中央旅社」創建為 1923 年，日據時期為「松屋旅館」，是澎湖第一家有「沖水馬桶」的旅館。過去曾經是澎湖唯一的鉛字印刷廠「西河印刷廠」，目前也積極轉型，敞開大門歡迎遊客入內參觀，了解「文字」的結構美。新舊建築之間藏著許多更小的「摸乳巷」，走在老街中，彷彿沿著歷史軌跡在探險尋寶似的，拐了一個彎，又是一個新的驚奇風景。街的兩旁進駐了許多商業型態的小店家，有的販售紀念品、有的販售仙人掌製成的相關甜點。乾益堂藥行、西河印刷廠、中央旅社都是過去最有名的店家，但我最喜歡的還是四眼井旁的「藥膳蛋」與「藥膳豆乾」，每次來到澎湖，都一定會來買上一份，從味覺上找回中央老街的記憶。

四眼井是中央老街上最古老的古井，為縣定三級古蹟，已有四百多年歷史，是澎湖最古老的水井。原本它是一口巨大的井，後來為了防止居民汲水時跌入，便用了花崗石條覆蓋，分割成四個石環小孔，因此稱為四眼井。

澎湖天后宮是台灣媽祖廟中歷史最悠久的廟宇，原稱娘娘宮、天妃宮或「媽宮」，更是「馬公市」的由來。

沙美老街

滴答、滴答的時光節拍

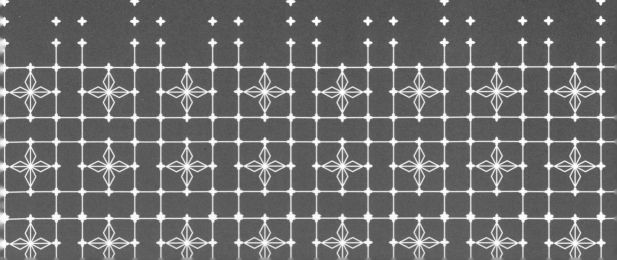

夏季熱辣的陽光落在街尾的金沙戲院上，殘破的大門、碎裂的窗口，已經長出一棵小榕樹，斑駁色彩的立面與街市的乾淨明亮，形成強烈對比。屋簷陰影下的小黃狗，在暖陽下睡得舒服，照不進光線的老市場，瀰漫著一股老舊的氣味，安靜得腳步聲都聽得見。

眼前這條街，是創建於元朝末年的「沙美老街」，為金門最早形成的市街之一。早期匯集各路商人，店舖林立、商業興盛，是金沙人的生活軸心。明朝時，金門的鹽產地也集中在沙美，造就了沙美老街最巔峰的時期。

散步街中，都是居民用時間堆疊出的生活情感。聚落中的石板路是元代留存至今，兩旁延伸而出的小路，像是掌心的紋路，每一條小路都不知道終點是哪裡，彷彿走進迷宮。

已經休市的老市場，幽暗的黑暗角落，沒有喧囂的叫賣聲，殘餘的氣味持續訴說著小販晌午的熱血故事。走出市場，街區再造的形象讓街道兩旁的店面招牌整齊統一呈現，刻意的排列與一致的造型；也看得見仍有不願妥協的商戶，走著獨行的自我風格。像是街角對面的雜貨店，滿滿的商品一字排開，賣著城市中少見的復古系糖果，店內的老奶奶看了我一眼，似乎不打算與我熱情招呼，這樣的冷漠對待讓我覺得有趣很多。

戲院前左邊數來倒數第二間，是間復古系的理髮院。湖水綠的牆面、昏暗的光線，幾把落在窗台前的剪刀與剃刀，還有旋轉椅前的鏡子都被擦得亮晶晶，而白髮蒼蒼的阿嬤正打著盹。都市中專門整燙髮型的沙龍店都是走時尚的裝潢，很難看到如此純樸的店面。或許過去曾經在這裡等待剪髮的阿兵哥，就好比都市中正在排限量福袋的民眾吧。

成功歷經了戰爭的洗禮，卻敵不過時代的現實。市街上街屋大多都已頹圮，少數還有人居住的老房，還有著一點生活痕跡。木造的店厝及洋樓在沙美都還看得到，未經過現代化大幅改造的街景，也都保持著當時的風貌，只可惜那些熱鬧也已不在，只剩下時間繼續走著，滴答聲填滿了每一寸空間。

沙美老街雖然不是觀光客會指定前來的景點，卻是我在金門最喜歡的一條街。

景點位置：金門縣金沙鎮復興街、博愛街等街區

沙美老街最熱鬧的時候是早上時段，想感受最地道的沙美市場，就得趁早來。

西園鹽場 ｜ 用鹽敘繼續延續

◇◇

　　金門的鹽業過去都是由居民自行生產，直到日軍進駐，改變了生產的方式。日軍將舊有的西園鹽場規格改建為新式鹽田，讓產鹽的程序更加有序也具規模。

　　尚未進入紛戰之年的金門，曾經以鹽業的發展帶動了當地的繁榮，而西園鹽場所生產的鹽更是供應兩岸所需。過去居民以鹽廠賴以為生，是當地相當重要的產業，如今過去產鹽的生活，也隨著戰火的規則，讓擁有 1100 年的製鹽歷史結束了一頁故事。

　　西園鹽場是金門目前僅存的鹽場遺址，廢棄的鹽場舊稱「浯洲場」。目前已不曬鹽的鹽場，如今已經轉變為文化館的一部分，原本的鹽廠舊辦公廳舍，曾經因為虧損停業後荒廢一時，直到後來，為了延續金門鹽業的故事，整理開發成文化館，透過文字及圖片撰述金門鹽業的一頁故事。

> 景點位置：金門縣金沙鎮西園 1 號
> 開放時間：09:00–17:00 ｜ 每週一休館
> 洽詢電話：+886-8235-5763

獅山砲陣地 ｜ 真人實演跳砲操

　　迷彩的外牆上寫著「震東坑道」，也寫下了蕭穆的氣氛。全長約五百公尺的隧道曾是獅山二營區，更是台灣罕見的全坑道式榴砲陣地，這裡是「獅山砲陣地」。

　　過去此地一直都是台灣的軍事重地，隨著戰事不再那麼緊繃，過去的軍事要塞經過主題規劃及環境整修，開放讓旅客可以了解軍中生活的樣貌，更請來演員實際展演「炮操」，用口號與步伐延續了當時征戰時期的記憶，讓旅客可以親身、親眼、親自去感受過去軍旅的日常。

景點位置：金門縣金沙鎮陽沙路往山后聚落路上
開放時間：08:00-17:30
洽詢電話：+886-8235-5697
砲操表演時段：10：00、11：00、13：30、14：30、15：30、16：30，共六場

中山地下書街

號稱亞洲最長地下書街

或許是因為氣候關係，日本各地的城市打造了許多「地下連通道（也稱地下街）」，方便旅客風雪無阻的行走到目的地，也讓每回到日本旅行的我，總在如迷宮般的連通道中迷了路。不過我也很享受這樣的過程，因為這樣的地下連通道，台灣很少見，我也很羨慕。近年台北因捷運的挖掘陸續而誕生許多地下街，最初的地下街就以台北車站為核心發展出周邊三條，分別是中山地下街、台北地下街及站前地下街，而知名度最高、也是受眾群最廣的，莫屬號稱亞洲最長地下書街的「中山地下街」。

　　中山地下街原名台北捷運大街，地下街道從淡水信義線的台北車站出發，一路串聯起中山站到雙連站，有大量書攤進駐，加上沿線有當代藝術館、台北光點的加持，讓整條地下街充滿了藝文氣息。許多喜愛閱讀的朋友都會窩在地下街，找一本心儀的好書，是台北市內所有地下街中最有書香氣息的一條。但後期隨著書攤打烊，現在則由誠品書店接棒，重新打造了「中山書街誠品 R79」。

　　不僅引進了更多元素的店舖、也定期舉辦展覽，分段規劃地下街的主題，進駐便利商店、麵包店、飲料店、雜貨、小吃到服飾等等，類型俱全，很多人也會從台北車站一路沿著中山地下街，慢慢散步到中山站逛百貨公司或是吃飯，算是台北市中人潮較多的一條地下街。現在地下街變得比過去更熱鬧了，重新找回了地下街的人潮，讓中山地下街再度飄出書香。

台北車站連接中山地下街的地下廣場，11 個出入口串聯周邊住宅區、景點與街道，如華陰街、京站、台北轉運站等等，所有出口也都用英文字母的「R」為編號開頭，更號稱為亞洲最長地下書街。

台北車站地下連通通道中最受日本人歡迎的裝置藝術作品「夢遊」，由台北當代藝術館設置，吸引了許多日本人慕名而來。遊客到此都會拿起相機、手機拍攝這座裝置藝術作品，喜愛的原因是因為它很有趣。

五春一番街,五春我猜想是取台語諧音「有剩」的意思,而一番街在日文中是「第一」或「一號」的意思。

通往台北當代藝術館的 R4 出口,運用了許多非常活潑、藝術的元素,提醒旅客這裡是前往當代藝術館的路。中山地下街在部分空間的妝點上,延續了當代藝術館的風格,採用非常前衛的塗鴉彩繪牆,藝文的魅力讓中山地下街在台北所有地下街中獨領風騷。

2015 HAPPY NEW YEAR

台北地下街

宅男的電玩遊戲天堂

年輕人都嚮往逛西門町，熱愛電玩的我，高中時期對於台北地下街的憧憬非常多，還記得第一次來到台北地下街是高中段考後，從桃園搭火車跑來台北地下街玩電玩遊戲。當時搭火車到了台北車站，才剛出了閘門就好像走進一座迷宮，四通八達的地下通道及出入口讓人看得眼花撩亂，但在這樣的環境中好像在探險，真的很有趣。隨著年紀增長，去台北地下街的頻率不減反增，大多時候去的目的就是去買遊戲卡帶，因為台北地下街號稱台灣秋葉原，集結了各式各樣的動漫、電玩、卡通玩具等等，堪稱「宅男集會所」，也是我最常逗留的一條地下街。

　　台北地下街以台北轉運站為起點，全長八百多公尺共分為服飾、雜項、電子、美食等四大區域，有服飾、生活用品、手工藝品及台灣特色小吃等等，其中全台灣最齊全的電玩、動漫、公仔及轉蛋商店也都設店於此，週末假日更經常舉辦電玩比賽，堪稱「台北秋葉原」。由於地下街全年無休，即便是颱風下雨都可以安心的在地下街裡購物遊逛，更是許多外國人到台北後的第一站。

　　台北是台灣地下街發展的始祖，當時地下街開通時引起了相當大的熱潮，許多人都想去朝聖看看「地下街」到底是什麼面貌。但當時開通的三條地下街，分別以不同的性質和商品「苦撐」著。怎麼說苦撐呢？因為站前這三條地下街雖然人潮眾多，但始終留不住錢潮，原因不外乎販售的商品大多低廉，看的人多買的人少。不過近年台北地下街積極轉型與定位，重新找回了客群，也讓許多人不用出國，就能找到自己心中想要的動漫、電玩商品。

台北地下街全長 825 公尺，是台灣最具規模、最長的地下街，串聯起台鐵、高鐵、捷運、捷運松山線北門站及桃園機場捷運線 A1 站，並與京站百貨公司、台北轉運站聯通，共有 28 個出入口及約 400 個專用車位停車場，交通位置落在台北核心區，四通八達非常方便。

赤峰街

打鐵時代溫熱時光

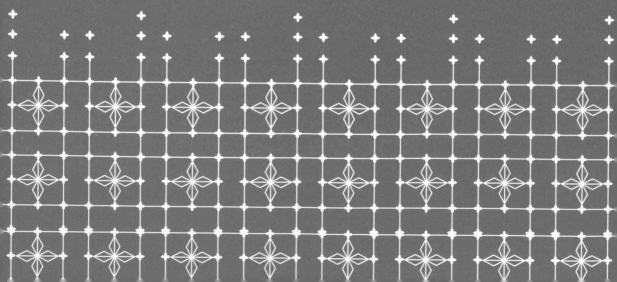

鐵道是城市與城市之間的連結，更是一座城市發展的起源。過去台北大稻埕地區因有鐵路又設有港口，水路與鐵路交織下，成為貨物、日常用品集散地，造就聚落繁華。

在基隆港修築啟用前，大稻埕一直是各地商船運送貨物唯一的對外港口，在商船、軍船、漁船等各種船隻頻繁停靠下，船隻的維修保養產業需求增多，在港邊逐漸發展出一條「打鐵街」，專門販售著船隻維修零件。隨著基隆港開通後，船隻修繕的需求降低，原本販售船隻零件的店家紛紛轉型，現在則是五金與汽車零件的零售店舖，聚集在「赤峰街」這條街上。

台北捷運在地圖上一條一條拉線、延伸，捷運中山站雙線交會下，成為了熱鬧的百貨商圈，從捷運站出來之後，是熱鬧的百貨光景；走進同樣位於捷運中山站的赤峰街，爬滿九重葛的矮牆，懷舊的雜貨店、擺滿各式各樣五金雜貨的店舖，赤峰街呈現出另一種獨特的街道風情。

我背著相機、沿著街道走，這裡與我印象中的「台北中山」有所不同，在這樣商業繁榮的商圈中，赤峰街仍然保有著老台北生活的輪廓。我拿起相機拍下眼前見到的一切，在購買器材的小黃司機看見我正在拍照的模樣，對著老闆說：「最近越來越多觀光客來赤峰街攝影取材了！」老闆笑著說：「對呀，我們也很開心有這麼多人來了。」

赤峰街原是中國熱河省赤峰的地名，但台灣的赤峰街，充滿了懷舊氣氛的雜貨店與時尚的手作金工店比鄰；幽黑的五金行與亮晃晃的時裝店面對面、復古的門窗中是飄著文青香氣的咖啡廳，走一次赤峰街，彷彿一次看完台灣三個時代的光景。視覺的衝突與時光的重疊，都是赤峰街演變的美好過程。

赤峰街近年進駐了許多新型態的小店舖，有咖啡廳、服飾店、精品店、手作店、冰品、甜點專賣店等等，街道中除了老房、民宅外，更帶入了許多年輕人創意開店的思維。街頭巷尾也有著許多塗鴉作品，人文氣息滿滿。

富錦街

匿名的靜巷時光

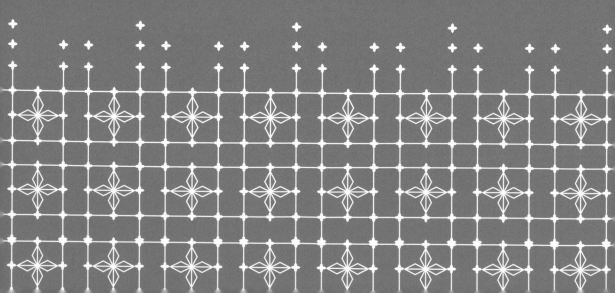

　　活在這座城市迷宮，當紛擾打亂心情，想要展開一趟小旅行散心、卻又不想跑太遠的時候，我總會躲到富錦街中，找一個舒服的咖啡廳，點一杯咖啡、帶著一本書，坐在靠窗的位置，曬著穿透玻璃的日光，在文字上旅行。甩開那些煩憂，清閒的度過一個屬於自己的安靜時光。

　　走進捷運路網尚未觸及到的富錦街，整齊的行道樹與街道、頂多五樓高的公寓，麻雀在電桿上吱吱喳喳，車少、人少、綠樹多是我對這裡的第一印象，光景也與我印象中的台北有所不同。富錦街有一種魅力，好像走進了一片淨土，有一種使人靜心的魅力。午後的富錦街，貫穿了台北最美的民生社區，走在這，安靜得連腳步都聽得見，讓人不由自主的放慢腳步，走的輕了、慢了，說話也更輕聲細語了。就像是生活在這裡的人，似乎都有著一股與生俱來的優雅，並以住在這裡為榮。

　　仔細觀看每一戶人家的門庭，都有著獨立的小陽台，不約而同的養了許多充滿綠意的小盆栽。那戶人家還手做了一塊可愛的小門牌，上頭是小主人用黏土拼出的「歡迎回家」，醜得好可愛，卻讓人感受到這就是生活該有的風味。走一回富錦街與民生社區，你會了解社區的人為何有著一股傲氣，這裡有著一種生活的溫度，是生活在這裡的人才能添上的溫度，也讓來到這裡的人，都染了那一份令人心情安定的溫度。

　　近年來富錦街周邊開闢了許多商家，利用了公寓一樓的空間，打造成相當有特色的場域，成為咖啡廳、麵包店、台灣設計家作品販售的店鋪等等，服務起當地居民，吸引了偶像劇、電影來此取景，也是許多台北人、商業人士點一杯咖啡、偷竊時光的所在。

青田街

緩慢中的清恬街

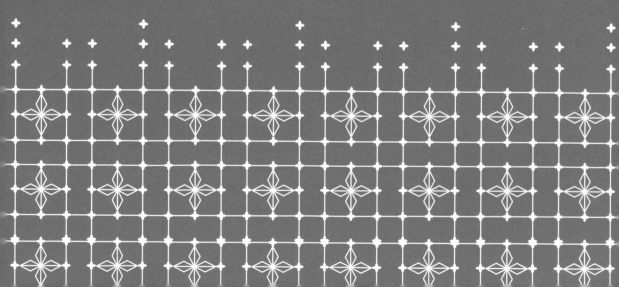

午後的青田街。坐在「青田七六」點一杯飲料，享受這台北難得幽靜的時光，呼吸老屋的溫潤氣息。

　　認識青田街，是從 2015 年上映的《青田街一號》這部電影開始。但我第一次走進青田街，卻是在三年後的 2018 年。我搭著捷運抵達了東門站，剛步出捷運站，滿是排隊等著吃小籠包的觀光客。穿進了永康街，對面的店舖則是露出洋溢笑容、吃著台灣特色芒果冰的日本旅客，好像無時無刻來到東門、永康街，永遠都可以看到觀光客幸福、滿足的笑容。但持續往裡走，光景與剛剛看見的大相逕庭，越走越安靜、越走越靜謐，剛剛的喧擾彷彿自動屏蔽，原來我已經走進了這條號稱台北最美、最值得走訪的青田街。

　　青田街分為好幾條巷弄，共有三十多棟的日式宿舍與古蹟，但這些古蹟隨著時光的腳步前進，大多頹圮、荒廢，在周邊大樓一棟棟的新建下，夾縫求生。好在，近年經過修繕、維護之下，老屋、宿舍都成為餐廳、茶館、畫廊等等，在新時代中開放迎接旅人前來聆聽老屋的故事。當午後的陽光又灑落在老屋的瓦上，濃厚風韻猶如艷陽，依然溫熱的很。讓人走在青田街中，能感受到青田街最單純的「清恬」。

鐵花路

花在鐵軌上持續綻放・鐵道藝術村

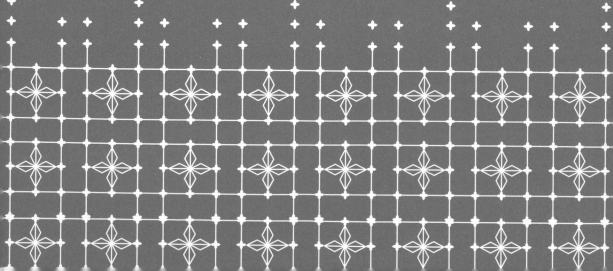

自從大學環島第一次到台東之後，爾後每一次到台東，都會被它的進步與改變感動。只要到台東，我就會去鐵花路上的「鐵花村」報到。自從台東火車站退出市區、遷移到台東新站之後，擁有八十年歷史的台東舊車站直接成為歷史建築，整合了周邊的區域，以藝術、旅遊等等元素，成為旅客到台東必訪的「台東鐵道藝術村」。但很少人知道，其實鐵花路的由來是為了紀念在清朝時擔任過台東知州的「胡適」父親 —— 「胡鐵花」。

　　車站運載的是居民的情感，軌道則是一條生命線。台東舊火車站並沒有隨著車站的遷移而拆除，而是完整保留當時的痕跡。轉型的鐵道藝術村，保留了原始的軌道、月台及遮雨棚，午後常常可以看見許多遊客坐在月台上，吹著太平洋的涼爽海風，彷彿現在與過去都一樣。

　　入夜後鐵道藝術村更有原民藝術家及當地創作者的文創市集，結合了周邊的倉庫群與商圈，有咖啡廳、百貨公司、餐館、小酒館、誠品書局等等，在此可以感受到時代、書香、與傳統原民文化結合後的火花。而我很喜歡晚上買一杯飲料，坐在有街頭藝人駐場的樹下，看著那一串串由當地小朋友彩繪的熱氣球燈飾。隨風搖晃的熱氣球燈飾，在夜裡晃晃的，就像是台東人的祖先們在漆黑的太平洋上望著星光，把希望都寄望在溫暖燈火中，飛揚。

台東舊站目前也是台東轉運站、台東遊客中心的所在地。完整保留了當時的車站風貌及站牌，
早期的列車車廂在此也可以看見。

2AF217X

台灣老街：

從街屋建築、城市文化、庶民美食，看見最懷念的時代故事，尋訪最道地的台灣味【暢銷新版】

作　　者　許傑
責任編輯　溫淑閔
主　　編　溫淑閔
版面構成　蘇孝朋
封面設計　蘇孝朋 / 走路花工作室

行銷企劃　辛政遠、楊惠潔
總 編 輯　姚蜀芸
副 社 長　黃錫鉉

總 經 理　吳濱伶
發 行 人　何飛鵬
出　　版　創意市集

發　　行　城邦文化事業股份有限公司
　　　　　歡迎光臨城邦讀書花園
　　　　　網址：www.cite.com.tw

香港發行所　城邦（香港）出版集團有限公司
香港灣仔駱克道 193 號東超商業中心 1 樓
電話：(852) 25086231
傳真：(852) 25789337
E-mail：hkcite@biznetvigator.com

馬新發行所　城邦（馬新）出版集團
Cite (M) Sdn Bhd 41, Jalan Radin Anum, Bandar
Baru Sri Petaling,
57000 Kuala Lumpur, Malaysia.
電話：(603) 90578822
傳真：(603) 90576622
E-mail：cite@cite.com.my

印　　刷　凱林彩印股份有限公司
　　　　　2023 年（民 112）05 月　二版 2 刷
　　　　　Printed in Taiwan
定　　價　380 元

客戶服務中心
地址：10483 台北市中山區民生東路二段 141 號 B1
服務電話：（02）2500-7718、（02）2500-7719
服務時間：週一至週五 9：30 ～ 18：00
24 小時傳真專線：（02）2500-1990 ～ 3
E-mail：service@readingclub.com.tw

※ 詢問書籍問題前，請註明您所購買的書名及書號，以及在哪一頁有問題，以便我們能加快處理速度為您服務。
※ 我們的回答範圍，恕僅限書籍本身問題及內容撰寫不清楚的地方，關於軟體、硬體本身的問題及衍生的操作狀況，請向原廠商洽詢處理。

※ 廠商合作、作者投稿、讀者意見回饋，請至：
FB 粉絲團．http://www.facebook.com/InnoFair
Email 信箱．ifbook@hmg.com.tw

版權聲明　本著作未經公司同意，不得以任何方式重製、轉載、散佈、變更全部或部份內容。

若書籍外觀有破損、缺頁、裝訂錯誤等不完整現象，想要換書、退書，或您有大量購書的需求服務，都請與客服中心聯繫。

國家圖書館出版品預行編目資料

台灣老街：從街屋建築、城市文化、庶民美食，看見最懷念的時代故事，尋訪最道地的台灣味【暢銷新版】／許傑著 . – 二版 . -- 臺北市：創意市集出版：城邦文化事業股份有限公司發行 , 民 111.09
　　面；　公分
　　　　ISBN 978-626-7149-16-4(平裝)

　　1.CST: 老街 2.CST: 人文地理 3.CST: 臺灣遊記

733.6　　　　　　　　　　　　　　　　111011596